CURRY QUEEN

REZEPTE AUS DEM WURSTRESTAURANT

SASCHA BASLER
UND BIANKA HABERMANN

FOODFOTOGRAFIEN VON KLAUS ARRAS
MOODFOTOGRAFIEN VON FELIX RETTBERG
WEINEMPFEHLUNGEN VON HENDRIK THOMA
WARENKUNDE VON WOLFGANG OTTO UND INGO HOLLAND

CURRY QUEEN

REZEPTE AUS DEM WURSTRESTAURANT

SASCHA BASLER
UND BIANKA HABERMANN

EDEL

CURRY QUEEN

Dieses Buch widmen wir einigen besonderen Menschen, die nie aufgehört haben, an uns zu glauben. All jene, die immer das Besondere in der Curry Queen und in uns gesehen haben und so geholfen haben, unseren Traum zu verwirklichen.

Uriz von Oertzen, Jürgen Draabe, Frank Moysich, Matthias Brinkmann, Gerd Brendemühl, Andreas Paetz, Simone Rundeshagen, Christa v. Kropidlowski-Munk, Lucas Buchholz und Bernd Brink, Rüdiger Plegge, Ralph Harms, Wolf D. Gramatke und Geli

Ein ganz besonders herzliches Dankeschön geht von uns an:

Ingo Holland – für seine leidenschaftliche Einführung in die Welt der Gewürze und für seine einzigartigen Gewürzmischungen, die uns immer wieder zu neuen, sinnlichen Rezepten inspirieren!

Ronny Loll – für seine wertvollen Ergänzungen und seine große Geduld!

Wolfgang Otto – für seine informativen und kompetenten Erläuterungen zur Herkunft und Qualität von Fleisch und Wurst.

Hendrik Thoma – für seine exzellenten Weinempfehlungen und seine großartigen Ratschläge für das Miteinander von Wein und Wurst!

VORWORT

Als wir im Frühling 2007 die Idee hatten die Curry Queen zu gründen, sind wir zunächst einfach unserem inneren Impuls gefolgt. Wir hatten schon einmal unser Hobby – die Leidenschaft für Musik – zum Beruf gemacht und 15 Jahre erfolgreich in der Musikbranche gearbeitet. Der Gedanke, ein zweites Mal das Hobby zum Beruf zu machen, erschien uns mutig, lag aber nahe und war eine Herausforderung! Wir hatten schon viele Jahre für Freunde gekocht und Kochwettbewerbe sogar im Ausland erfolgreich absolviert. Nur von professioneller Gastronomie wussten wir noch nicht viel. Aber wir hatten einen Traum und durch unsere leidenschaftliche Herangehensweise eine naive Art die Dinge zu betrachten und anzugehen. Diese gastronomische Naivität sollte sich später für die Umsetzung unserer Idee, trotz aller Probleme, letztendlich als äußerst wertvoll erweisen, da wir einen unkonventionellen Weg gegangen sind und damit eine Nische besetzen und ein außergewöhnliches Konzept erschaffen konnten.

Unser Traum war ursprünglich, ein Restaurant zu eröffnen, immer mit dem Anspruch, allerhöchste Qualität für unsere Gäste zu bieten, den freundlichsten Service und das schönste Ambiente. Aus dem Restaurant wurde ein besonderes Wurst-Restaurant, scheinbar das Erste seiner Art. Heute sind wir sehr stolz darauf, dass der GAULT MILLAU uns als ersten »Wurst-Imbiss« in der Geschichte des kulinarischen Reiseführers ausgezeichnet hat. Damit haben wir der Wurst wohl zu einer unverhofften Renaissance verholfen.

Die Wurst war schon seit jeher der Deutschen liebstes Essen und ist es auch heute noch, aber sie wird gleichzeitig schon immer von Ernährungs-Fanatikern als ungesund verteufelt. Diesen Feinden des Hedonismus wollen wir zeigen, dass Lust am Essen und Genuss keineswegs schädlich sein müssen, sondern das Leben durchaus bereichern können. Wir suchen unsere Produkte und Würste ganz gezielt – immer mit Blick auf Qualität und Herkunft – in aller Welt aus. Ob es die Salzwiesenlammwurst ist, die wir aus Sylt von einem kleinen Hof in Keitum bekommen oder ob es hochwertige Wagyu Kobestyle Wurst ist, die wir aus Nebraska beziehen, Merguez aus Frankreich oder Pata Negra Wurst aus Spanien. Gewürze aus aller Welt spielen bei uns eine ganz große Rolle. Nicht nur viele unterschiedliche Currys, wir kochen auch mit vielen außergewöhnlichen Gewürzen, um unseren Speisen eine ganz besondere Note zu verleihen.

Was uns wirklich glücklich macht, ist die Tatsache, dass wir mit unserem Restaurant alle erreichen. Bei uns sitzt der Müllmann neben einem Millionär oder Schauspieler und Sie werden es nicht glauben: es funktioniert! Und zwar sehr gut! Ob man nun nur eine Bratwurst bei uns essen oder ein großes Menü mit ausgesuchten Weinen in schönem Ambiente genießen möchte, bei uns sind alle herzlich willkommen und fühlen sich miteinander wohl. Wir haben es uns gewünscht, aber kaum für möglich gehalten: Tatsächlich verbindet der Genuss und die Freude am Essen die Menschen über alle Schichten und Vorurteile hinaus.

Nun möchten wir auch SIE mit diesem Buch neugierig machen auf einen Besuch bei Curry Queen und wir möchten allen, die mit ähnlicher Leidenschaft wie wir kochen, mit diesem Buch ermöglichen, die Rezepte der Curry Queen nachzukochen.

Haben Sie keine Angst, liebe Leser: WURST kann wirklich ein ganz außergewöhnliches Erlebnis sein! Lassen Sie sich auf den nächsten Seiten von uns mitnehmen auf eine sinnliche Reise inspiriert von kulinarischer Vielfalt und Gewürzen aus aller Welt. Von feiner französischer Küche bis hin zu deftigen Wurstgerichten, exotischen Spezialitäten und traumhaften Desserts!

Bianka Habermann & Sascha Basler

INHALTSVERZEICHNIS

DEUTSCHE WURSTKLASSIKER

INTERNATIONALE WURSTKLASSIKER

WURST CUISINE

DESSERTS

GRUNDREZEPTE

ANMERKUNGEN ZU DEN REZEPTEN

Die Rezepte sind immer für vier Personen oder ergeben vier Portionen.

Wir haben für dieses Buch eine besondere Rezeptform gewählt, bei der die einzelnen Komponenten eines Gerichtes separat mit jeweils eigener Zutatenliste aufgeführt werden. Das hat den Vorteil, dass der ungeübte Hobbykoch ganz genau weiß, was er mit welchen Zutaten wann zu tun hat, während der erfahrene Hobbykoch in der Lage ist, seine eigenen Kombinationen aus dem Kochbuch zusammenzustellen – so zum Beispiel den Bohneneintopf von Seite 60 mit dem Oliven-Kartoffelstampf von Seite 122 zu kombinieren. Diese Rezeptform mag am Anfang vielleicht etwas fremd erscheinen, aber hat man sich erstmal an die Lesart gewöhnt, kocht es sich damit großartig!

Dann noch ein Hinweis zur Zubereitung der Würste: In nicht wenigen Rezepten werden die Würste auf dem Grill gegrillt. Das halten wir auch für die beste Zubereitungsform. Sollte dies aber nicht möglich sein (es ist ja nun mal nicht immer Grillwetter), kann man die Würste alternativ auch sehr heiß in einer Pfanne, am besten aber in einer Grillpfanne braten.

THE

EEN
OF
KITCHE

Ingo Holland entwickelt worden.
und Küchenchef vom Restaurant
hohen Auszeichnungen.
und Gründer des Gewürzamtes
persönlich
www.ingo-holland.de

VON BLUTWURST BIS WOLLWURST

Vielleicht werden Ihnen nicht alle Wurstsorten, die wir in diesem Buch verwenden, bekannt sein. Deswegen haben wir ein kleines Wurstglossar erstellt. Generell empfiehlt sich, einen Schlachter/Fleischer des Vertrauens zu finden, bei dem Sie sicher sein können, dass Sie gute Qualität erhalten. Für die spezielleren Würste haben wir zum Teil angegeben, woher wir unsere Ware beziehen, oder Sie gehen auf unseren Wurstshop unter www.curryqueen.eu.

BLUTWURST

Blutwurst besteht aus Schweinefleisch und frischem Blut. Sie ist sehr aromatisch durch Gewürze wie Majoran und Thymian. Wir bevorzugen die ausgezeichnete Blutwurst der Blutwurstmanufaktur Berlin (Marcus Benser), die eine sogenannte schwarze Blutwurst mit einem Hauch von Zimt herstellen (in Frankreich Boudin Noir genannt).

CABANOSSI

Cabanossi sind dünne feste Rohwürste aus fein gehacktem Rind- und Schweinefleisch mit Speckwürfeln. Sie sind pikant und enthalten verschiedene Gewürze wie unter anderem Paprika, Pfeffer und Knoblauch.

CALABRESE

Diese italienische Salami-Spezialität wird aus Schweine- und Rindfleisch hergestellt und ist meist sehr scharf gewürzt. Sie eignet sich daher besonders gut als Würze für Speisen. Wir kennen sie auch als köstlichen Pizzabelag.

CHORIZO

Die Chorizo ist eine spanische Schweinswurst, die mit Knoblauch und viel Paprika gewürzt wird. Die Paprika verleiht der Wurst die unverwechselbare rote Farbe und den typischen Geschmack. Die Spanier essen sie gern als Tapas und verwenden sie unter anderem auch zu Eintöpfen.

COTECHINO

Cotechino ist eine italienische Kochwurst aus Schweinfleisch, die kräftig gewürzt wird, unter anderem mit viel Pfeffer. Man bereitet die Cotechino zu, indem man sie mehrere Stunden bei leichter Hitze in Wasser kochen lässt. In Italien isst man dazu meist Linsen oder Polenta.

DEBREZINER

Die ursprünglich aus Ungarn stammende, leicht geräucherte und mit edelsüßem Paprikapulver, Chili und scharfer Paprika gewürzte Wurst wird aus Rind-, Schweinefleisch und Speck hergestellt. Im Gegensatz zu lang geräucherten Wurstsorten, die beim Kochen hart werden, bleiben Debreziner auch nach längerer Garzeit weich und saftig.

DEICHWIESENLAMMWURST

Wir beziehen unsere Deichwiesenlammwurst aus Sylt. Sie ist grobkörnig und besteht zu 100 % aus Lammfleisch. Sie schmeckt frisch vom Grill am besten. In der Curry Queen servieren wir sie als Orientalische Lammcurrywurst oder aber als Sylter Lammwurst mit Blattsalat und Ziegenkäse.

KALBSBRATWURST

Die Kalbsbratwurst ist eine feine Bratwurst, die aus mindestens 50 % hochwertigem Kalbfleisch bestehen muss. Wir verwenden bei uns eine sogenannte »Schweizer Kalbsbratwurst«, die einen Kalbfleischanteil von 68 % hat, was diese Wurst besonders fein macht.

KANINCHENBRATWÜRSTE

Kaninchenbratwürste werden meist aus ¾ Kaninchenfleisch und ¼ Schweinefleisch hergestellt. Sie müssen sehr behutsam gegrillt werden, da sie sehr feine Würste sind. Eine Delikatesse!

KOCHWÜRSTE WESTFÄLISCHER ART

Kochwürste zeichnen sich dadurch aus, dass deren Zutaten vor der Verarbeitung gegart wurden. In Norddeutschland kennt man eine Kochwurst auch als »Pinkel« oder Kohlwurst. Sie wird klassischerweise meist zu Grünkohl gereicht.

MERGUEZ

Die Merguez ist eine französische Wurstspezialität, die ihren Ursprung in Nordafrika hat. Sie besteht aus Lamm- und Rindfleisch und ist kräftig gewürzt, zum Beispiel mit Paprika, Knoblauch und Kreuzkümmel.

MORCILLA

Hierbei handelt es sich um eine spanische Blutwurst. Sie besteht traditionell aus Schweineblut, Fett, Zwiebeln und Reis. Sie kann als Zutat im Eintopf mitgekocht oder auch gegrillt oder gebraten werden.

MORTEAU WÜRSTE

Die Morteau Wurst stammt ursprünglich aus dem gleichnamigen Ort in Frankreich. Sie ist eine grobe Wurst, die aus magerem Schweinefleisch hergestellt und im »Tuyé« (Räucherkamin) mit Nadelholzspänen über 2 Tage geräuchert wird.

SALSICCIA (PI. SALSICCE)

Eine italienische Bratwurst-Spezialität, die aus Schweinefleisch hergestellt wird. Es gibt in Italien unendlich viele regionale Rezepte. So wird die Salsiccia in manchen Gegenden mit Fenchel und Fenchelsamen gewürzt und anderswo z. B. mit Peperoncini (Kalabrien). Wir bevorzugen die herzhaft gewürzte toskanische Salsiccia di Montalcino.

SAUCISSON

Ein grobkörnige deftige französische Spezialität aus Lyon, die aus Schweinefleisch, Speck, Weißwein und Gewürzen hergestellt wird.

SCHWEINSBRATWÜRSTLE, BAYERISCHE (NACH NÜRNBERGER ART)

Bayerische Schweinsbratwürstle nach Nürnberger Art sind meist nicht größer als ein kleiner Finger, deftig mit Majoran und Kümmel gewürzt und herzhaft-kräftig im Geschmack. Die Würstchen werden aus Schweinefleisch hergestellt, ausschließlich in sehr dünne Schafssaitlinge (Dünndarm des Schafes) gefüllt und sind im bayerischen Spezialitätenhandel erhältlich.

SOBRASSADA

Die Sobrassada ist eine mallorquinische Spezialität, die aus rohem und an der Luft getrocknetem Schweinehackfleisch hergestellt wird. Besonders typisch sind Zutaten wie rotes Paprikapulver.

WEISSWURST

Die bayerische Spezialität ist eine Brühwurst aus feingemahlenem Kalbsfleisch, Schweinefleisch und feinen Kräutern wie Petersilie. Traditionell wird sie in München gern zum Frühstück mit Laugenbrezel und Weizenbier verzehrt. Wir grillen die Weißwurst, was dieser Spezialität einen ganz neuen Charakter verleiht.

WOLLWÜRSTE

Wollwürste sind verwandt mit den bayerischen Weißwürsten und unterscheiden sich kaum in der Herstellung (enthalten aber z. B. keine Petersilie). Die Wurstmasse wird allerdings nicht im Darm gegart, sondern man gibt die Wurstmasse mithilfe einer Tülle direkt in kochendes Wasser. Diese feinen Würste bereitet man am besten in der Bratpfanne zu.

Curryque

Tatanka

GEWÜRZE von Ingo Holland

Nach so vielen Jahren als Koch und Gewürzmüller haben sich mein Bezug und die Umgangsweise mit den Gewürzen grundlegend geändert. War ich früher ein Koch, der auch gerne mal mit Gewürzen wie Currys, Masalas, Pasten und Pulvern, aber auch Safran, verschiedenen Pfeffern, Chilis und Gewürzraritäten sagen wir mal, sehr großzügig umgegangen ist, so hat mich mein langer Weg bis zum heutigen Tag etwas ruhiger im Umgang mit dieser Hülle und Fülle von Aromen werden lassen.

Durch die Tatsache, dass wir nun schon seit vielen Jahren unsere Gewürzmischungen selbst entwickeln, rösten, mahlen und mischen, hat sich Selbstbewusstsein und Erfahrung eingestellt, sodass wir wesentlich zurückhaltender mit den Mengen bei der Dosierung umgehen. Wir verwenden ausschließlich beste Gewürze in unserem Gewürzamt, die durch eine ausgewogene und gut durchdachte Vermischung eine hohe Intensität erreichen. Das so entstandene, hocharomatische Gewürz, das ohne jegliche Zusätze von künstlichen und naturidentischen Aromen, Farbstoffen, Geschmacksverstärkern oder raffinierte Salze zurechtkommt, hat nun so eine Komplexität, dass es ausschließlich durch niedrige Dosierung, dem Grundprodukt gerecht wird, ohne es zu überdecken oder aber als langweilig zu wirken. So braucht man auf einer Currywurst, die aus bestem Fleisch und Gewürzen hergestellt wird und somit schon eine Besonderheit ist, keinesfalls Unmengen von Curry oder Masala, sondern allenfalls Spuren.
Die so geadelte Wurst lässt dennoch nicht zu wünschen übrig und ist auch sicherlich nicht primär unter Billig- oder Junkfood einzuordnen. Gewürze sollten eigentlich nie das Grundprodukt dominieren. Der zarte Umgang mit Mischungen, Kreuzkümmel, Anis, Tonkabohnen und vielen anderen Gewürzen lässt den Geschmack des Steinbuttes, eines zarten Kalbsfilets, des Rehrückens als Solitär stehen und wirkt nur wie eine elegante Fassung eines teuren Edelsteines. Dies gilt natürlich nicht ausschließlich für die eben genannten exklusiven Grundzutaten, sondern auch für das einfache Hausschwein, den Braten usw. Natürlich wird es weiterhin Gerichte wie ein Tandoori-Chicken, ein Gemüsecurry, eine Thailändische Currysuppe und Ähnliches geben, wo auch einmal das Gewürz im Vordergrund stehen kann. Das jedoch sollten Ausnahmen sein, denn sonst wird der Gaumen schnell müde und überanstrengt, das bedeutet, das Vergnügen beim gewürzt Speisen bleibt über kurz oder lang aus. Sie sollten Gewürze und Gewürzmischungen stets als etwas Besonderes bewahren, auch wenn im Vergleich zu vergangenen Jahrhunderten die Preise etwas anderes aussagen. Die Arbeit, die zum Beispiel für einen Kardamom aus Indien, für Vanille aus Madagaskar, Safran aus dem Iran oder auch nur einen einfachen schwarzen Pfeffer aus Indonesien aufgewendet wird, steht seltenst in Relation zu dem bezahlten Preis für solche Kostbarkeiten. Auch wenn der Kilo- oder auch nur Grammpreis horrend erscheint. Deswegen sollten Sie der Aufbewahrung der Gewürze viel Aufmerksamkeit schenken. So haben

Sie oft an einem Gewürz, das nur mit zwei Jahren Mindesthaltbarkeit ausgestattet ist, zwei oder drei Jahre mehr Vergnügen, wenn Sie zum Beispiel das Gewürz in blickdichten Gefäßen aufbewahren, es nicht mit feuchten Fingern entnehmen, stets nach der Verwendung sofort verschließen und nie lange an einen sehr warmen Ort in Ihrer Küche stellen. Licht ist der Tod für jedes Gewürz, ob farblich oder geschmacklich. Ein Gewürz ist dann am Ende, wenn es nicht mehr appetitlich duftet und schmeckt. Wenn Sie Gewürze auf Fleisch, Fisch oder Geflügel vor dem Braten aufstreuen, haben Sie ein besseres Geschmackserlebnis, als wenn Sie die Mischung oder das Einzelgewürz sehr spät einsetzen. Sie sollten dann nur die Brattemperatur etwas niedriger halten, dass elegante Röstaromen am Bratgut entstehen können, das Gewürz nicht verbrennt, aber gleichzeitig eine hohe Saftigkeit bleibt. Bei roten Fleischsorten bleibt auch der feine Rosé-Ton besser erhalten und macht das Fleisch im Anschnitt appetitlicher.

Wenn Sie diese wenigen, aber effektvollen Punkte respektieren und umsetzen, werden Sie bei dem Thema Gewürze einen lang anhaltenden Spaß- und Genuss-Lust-Faktor haben.

Mit vielen würzigen und salzigen Grüßen

Ihr Ingo Holland

Ingo Holland, geboren 1958, machte sich fast drei Jahrzehnte lang als Spitzenkoch zahlreicher Sterne-Restaurants einen Namen, bevor er im Jahr 2000 im bayerischen Klingenberg das »Alte Gewürzamt« eröffnete. Dort bietet er hochwertige Gewürze und selbst kreierte Gewürzmischungen aus eigener Manufaktur an. | www.ingoholland.de

VON CURRY BIS RAZ EL HANOUT

Wir verwenden ein paar ungewöhnlichere Gewürzmischungen, viele vom »Alten Gewürzamt«, die wir gerne vorab kurz vorstellen möchten.

CURRY ANAPURNA

Dieses Curry ist ein ausgewogenes mittelscharfes Curry mit kräftiger Röstung und harmonischer Schärfe. Es hat einen kräftigen Knoblauchanteil und besteht des Weiteren aus Ingwer, Kardamom, Chilis, Koriander und vielen anderen Gewürzen.
Bei Curry Queen ist dieses Curry »der Klassiker« unter den Currymischungen und wird am häufigsten zur Currywurst bestellt. Wir verwenden es aber auch gern zum Kochen, z. B. für Geflügel- und Lammgerichte.

CURRY MUMBAI

Ein sehr vielseitiges mildes fruchtig blumiges Curry! Es enthält nur wenig Schärfe, dafür aber unter anderem Zimtblüte, Kurkuma, Jasminblüte, Orangenschale und Vanille! Bei uns essen es die Kinder sehr gern zur Currywurst! Wir verwenden es auch für Süßspeisen, z. B. für Eis, Kuchen und Desserts. Es enthält keinen Knoblauch, ist sehr aromatisch und daher ideal zu süßen Speisen.

MALDON SALT

Dieses englische Meersalz hat eine feine Struktur von hauchdünnen Salzkristallen in Form von feinen Flocken. Es wird in aufwendiger Handarbeit hergestellt. Am besten verwendet man dieses Salz immer nur als »Finish« für besondere Speisen, zum Kochen wäre es viel zu schade. Wichtig ist, dass man das Salz immer erst kurz vor dem Servieren auf die Speisen streut, da es sonst Wasser zieht und sich auflöst.

MELANGE BLANC

Diese fein gemahlene weiße Pfeffermischung ist besonders lecker zu Fischgerichten und Geflügel. Sie besteht unter anderem aus weißem Pfeffer, Koriander, Orangenschale, Muskat, Jasminblüten, Kardamom.

MELANGE NOIR

Hierbei handelt es sich um eine schwarze Pfeffermischung bestehend aus Malabar Pfeffer, Kubebenpfeffer und langem Pfeffer. Die drei Pfeffer werden grob geschrotet und vermischt. Diese Pfeffermischung schmeckt hervorragend zu Thunfisch, Steak oder auch auf frischen Tomaten, wie wir ihn bei unseren Blattsalaten auch verwenden. Melange Noir duftet fantastisch!

NIORA

Niora sind getrocknete und grob gemahlene spanische Paprika. Ein sehr aromatisches Gewürz, das sich ideal zum Würzen von Eintöpfen eignet. Wir verwenden es aber auch gern als »Topping« z. B. auf Kartoffelpüree oder Reis. So schmeichelt dieses Gewürz nicht nur dem Gaumen, sondern macht das Gericht durch seine intensive rote Farbe auch optisch zu einem Erlebnis.

PIMENT D`ESPELETTE

Piment d`Espelette wird aus milden Chilis hergestellt, die aus einem kleinen Ort namens Espelette in Frankreich stammen (nahe der spanischen Grenze). Die Chilis werden luftgetrocknet und anschließend mit Kernen zu einem Pulver verarbeitet. Das Pulver besticht durch seine intensive orange Farbe. Es ist nicht sehr scharf, ein wenig süßlich und fruchtig mit einer feinen Rauchnote. Dieses Gewürz ist mittlerweile in der Spitzengastronomie der Welt zu Hause. Wir lieben es!

PIMENTÓN EL ANGEL

Diese spanische Spezialität wird auf traditionelle Art und Weise während des Trocknens auf Eichenholz geräuchert. Danach wird sie unter Steinmühlen gemahlen. Das garantiert ein Höchstmaß an Geschmacks- und Farbstabilität. Der Geschmack ist einzigartig und unvergleichlich. In Spanien wird dieses Gewürz z. B. zum Würzen von Chorizo verwendet.

PIMIENTOS DE PADRÓN

Pimientos de Padrón sind kleine, grüne Paprikas aus der spanischen Region Galicien. Der Schärfegrad variiert von Schote zu Schote.

QUATRE EPICES

Dies ist ein französisches Gewürz (Quatre Epice heißt übersetzt einfach nur 4 Gewürze). Es eignet sich sehr gut zum Würzen von Würsten, besonders gern verwenden wir es zur Blutwurst. Es ist aber auch ein tolles Gewürz für Süßspeisen. Wir lieben es, weil es den Speisen eine ganz besondere Note verleiht und bevorzugen die Mischung von Ingo Holland.

RAZ EL HANOUT

Dieses marokkanische Gewürz besteht aus vielen exotischen Zutaten wie z. B. verschiedene Pfeffersorten, Orangenblüten, Kardamom, Nelken, Sternanis und vielen mehr. Wir verwenden dieses herrlich duftende Gewürz zur Lammwurst, aber z. B. auch zu Couscous.

GASTROFUNK

HEUTE
RANZÖSISCHE
MERGUEZ

VORSPEISEN

WOLLWURST »KLAR KIMMIG«

In Bärlauchbutter gebratene Wollwurst mit Bonbon vom »Amrumer Katenschinken« und lauwarmem grünem Spargel-Kartoffelsalat. Dieses Rezept ist während der Entstehungsarbeit des Buches auf Amrum im Kapitänshaus »Klar Kimmig« entstanden und unseren lieben Gastgebern Vera & Jens Friesenhof gewidmet.

- 50 g Pinienkerne

Die Pinienkerne ohne Fett in einer beschichteten Pfanne goldbraun rösten.

- 8 große Amrumer Kartoffeln oder alternativ der Sorte Linda
  3 EL Olivenöl
  30 g Husumer Butter, alternativ Süßrahmbutter
  4 Stangen grüner Spargel
  2 Schalotten, gepellt, in feine Streifen geschnitten

Kartoffeln schälen und erst in hauchdünne Scheiben und dann in Rauten schneiden. Das Öl und die Butter in einer Pfanne erhitzen und die Kartoffeln darin scharf anbraten. Die Rauten sollten nicht übereinanderliegen, damit sie gleichmäßig garen und braun werden. Die Kartoffeln wenden und auch von der anderen Seite bräunen. Die Enden vom grünen Spargel entfernen und dann diagonal in dünne Scheiben schneiden. Zusammen mit den Schalotten zu den heißen Kartoffeln geben und gut durchmischen. Die Gemüsepfanne einen Moment auskühlen lassen.

- 20 g Butter
  etwas Meersalz
  1 Bund frischer Bärlauch, fein gehackt
  4 Wollwürste aus Bayern

Die Butter mit Meersalz und Bärlauch in der Pfanne zerlassen. Die Wollwürste in der Bärlauchbutter von allen Seiten goldbraun braten.

- 4 hauchdünne Scheiben »Amrumer Katenschinken« vom Metzger in Nebel auf Amrum, oder dünner italienischer »San Daniele« Schinken
  15 g Parmesan
  etwas alter Balsamico

Die Kartoffel-Spargel Pfanne erneut erhitzen und so lange braten, bis die Schalotten braun und süß geworden sind. Mit etwas Salz und Pfeffer würzen und von der Flamme nehmen.

Auf großen Tellern je eine Scheibe dünnen Katenschinken auslegen. In der Mitte der Scheibe ein Nest des Kartoffel-Spargel Gemüses setzen. Den Schinken an den langen Seiten hochziehen, über das Gemüse legen und an den Enden wie ein Bonbon zusammendrehen. Den Parmesan über das Bonbon hobeln und mit altem Balsamico beträufeln.
Die Wollwurst aufschneiden und neben dem Bonbon anrichten. Die Schnittflächen sollten zu sehen sein, so zieht die Butter besser ein. Nicht zu viel Bärlauchbutter über die Wurst geben, da der Geschmack sonst zu intensiv wird. Kurz vor dem Servieren ein wenig Pinienkerne über die Wurst streuen.

WEISSWURSTCARPACCIO MIT PETERSILIEN-SENF-PESTO

- 4 Weißwürste, gebrüht à 60 g
  500 ml Milch

Die Weißwürste über Nacht in Milch einlegen und im Kühlschrank aufbewahren.

- **Für das Petersilien-Senf-Pesto:**
  40 ml bestes Olivenöl, kaltgepresst (extra vergine)
  100 g Pinienkerne, geröstet
  1 kleiner Strauch Blattpetersilie
  1 frische Knoblauchzehe, gepellt
  50 g Parmesan, gerieben
  1 TL süßer Senf
  Saft einer Limette
  etwas Salz
  1 kleine Chilischote getrocknet, zum Beispiel Sorte Bird Eye

Alle Zutaten in einen Mixer geben und zu einem Pesto pürieren. Gegebenenfalls noch etwas nachschmecken.

- etwas dunkler Balsamico Essig
  1 Bund Schnittlauch
  Melange Blanc (weiße Pfeffermischung)
  1 kleiner Keil frischer Parmesan

Den Wurstdarm entfernen, die Weißwürste in hauchdünne Scheiben schneiden und auf einem Teller schuppenartig anrichten, erst mit Balsamico, dann mit dem Pesto beträufeln. Den Schnittlauch in feine Ringe schneiden und auf die Pestotropfen geben. Etwas frischen Pfeffer über das Carpaccio geben und mit frisch gehobeltem Parmesan dekorieren.

MERGUEZ MIT MANDEL-DATTEL-COUSCOUS UND MINZJOGHURT

- 50 g frische Mandeln ohne Haut, gestiftelt
  50 g Datteln getrocknet, ohne Stein, fein gehackt
  1 Schalotte, gepellt, fein gewürfelt
  20 g Butter
  200 g Couscous
  50 ml Noilly Prat
  200 ml Lammfond
  30 g Korinthen
  1 TL Raz el Hanout

Die Mandeln in einer beschichteten Pfanne ohne Öl anrösten und beiseitestellen. Die Datteln und die Schalotte in zerlassener Butter anschwitzen, mit dem Couscous auffüllen und mit Noilly Prat ablöschen. Die Flüssigkeit fast verkochen lassen. Den Lammfond nach und nach angießen und den Couscous unter ständigem Rühren bissfest kochen. Die Korinthen mit den Mandeln dazugeben und mit Raz el Hanout sowie etwas Salz würzen.

- 200 g griechischer Joghurt
  1 Bund Minze, fein geschnitten
  1 EL Orangenblüten-Honig
  Saft einer Limone
  etwas Meersalz

Den Joghurt mit der Minze und dem Honig verrühren. Mit Limonensaft und Meersalz abschmecken.

- 8 frische Merguez Würste à 60 g
  ein paar Tropfen Arganöl
  ein paar kleine Blätter Minze als Dekoration

Die Merguez knusprig braun grillen.

Den Couscous in kleine Espresso-Tassen füllen und auf vorgewärmte Teller stürzen. Mithilfe zweier Teelöffel Joghurtnocken formen und neben dem Couscous anrichten. Den Joghurt mit einem kleinen Minzblatt dekorieren. Daneben die gegrillten Merguez übereinanderlegen und mit Arganöl beträufeln.

KARNEVAL IN LYON (KÖLSCHE KAVIAR À LA FRANÇAISE)

- 1 Blutwurstring, zum Beispiel von Marcus Benser
  1 Knolle Knoblauch, gepellt, fein gehackt
  ein Schuss Olivenöl
  ½ Bund Blattpetersilie, fein geschnitten
  1 Baguettestange

Die Blutwurst kurz wässern und den Darm abziehen. Die Wurst mit der Gabel zerdrücken und mit dem Knoblauch in gutem Olivenöl scharf anbraten.
Die Petersilie unterheben und kurz mitbraten.

Die Masse auf das frische Baguette streichen.
Der Kölsche Kaviar schmeckt warm und auch kalt vorzüglich!

GEGRILLTE PATA NEGRA-CHORIZO MIT ORANGEN-FENCHELSALAT

- **Für den Orangen-Fenchelsalat:**
  2 Orangen (am besten Nelly Orangen)
  4 Fenchelknollen (möglichst klein)
  1 Knoblauchzehe
  etwas Olivenöl
  ½ Glas Weißwein
  Saft von 2 Orangen
  50 g schwarze Oliven ohne Stein, grob gehackt
  4 EL Pinienkerne, geröstet
  Salz

Die Orangen schälen und filetieren. Den Fenchel längs in dünne Scheiben schneiden und mit der angedrückten Knoblauchzehe in Olivenöl anbraten, bis der Fenchel leicht Farbe nimmt. Mit dem Wein ablöschen und fast vollständig einkochen lassen. Dann mit dem Orangensaft auffüllen und wiederum einkochen lassen. Den Fenchel vom Herd nehmen, die Orangenfilets vorsichtig zusammen mit den Pinienkernen und den Oliven unterheben und mit Salz würzen.

- 400 g Chorizo

Die Chorizo knusprig grillen.

Den Salat in Weckgläser oder in tiefen Schalen anrichten und mit der Wurst garnieren. Der Salat sollte lauwarm gegessen werden.

BLAUE ZIPFEL

- 8 große Schalotten
  2 EL Olivenöl
  500 ml Wasser
  250 ml Rotweinessig
  250 ml Frühburgunder
  2 Pimentkörner
  1 Lorbeerblatt
  2 Gewürznelken
  6 schwarze Pfefferkörner
  6 Wacholderbeeren, zerdrückt
  1 EL Salz
  1 EL Rohrzucker
  4 Bratwürste, mittelgrob à 120 g (wir empfehlen fränkische Würste oder milde Salsiccia)

Die Schalotten schälen, in Ringe schneiden und in einem großen Topf in Olivenöl anschwitzen. Alle weiteren Zutaten, außer der Würste, mit in den Topf geben und solange köcheln, bis die Flüssigkeit zur Hälfte eingekocht ist (ca. 20 Min.). Die Flamme abstellen, die Würste in das Gewürzwasser legen und ca. 30 Minuten ziehen lassen. Die Würste sofort mit gutem Brot und Butter servieren.

Unser Oregano-Kartoffelsalat (Seite 50) ergänzt die blauen Zipfel in Perfektion.

MERGUEZ MIT TOMATEN À LA »CASABLANCA«

In Marokko der Klassiker der Straßenküche und eins der besten Rezepte, die wir kennen. Sommer pur und unglaublich lecker. Die selbst gemachte Harissapaste ist mit Öl bedeckt haltbar gemacht und zwei Wochen im Kühlschrank haltbar.

▸ 500 g Tomaten der Sorte Marzano oder andere süße Strauchtomaten
1 TL Harissa (Seite 190)
2 EL frischer Koriander, fein geschnitten
etwas Meersalz
4 Merguez à 100 g

Die Tomaten waschen, vierteln und mit Harissa vermischen. Den Koriander mit dem Salz unter die Tomaten heben.
Die Merguez knusprig braun grillen und auf dem Tomatensalat anrichten.

Einfach und so genial lecker! Das perfekte Sommergericht.

SALATE

BLATTSALAT MIT GEGRILLTER WEISSWURST UND SÜSSEM SENFDRESSING

Dieser köstliche Salat ist schnell gemacht.

▸ **Für das Dressing:**
200 ml Kalbsfond (Seite 188)
200 ml süße Sahne, steif geschlagen
4 EL süßer Senf
Saft einer Limone
etwas Salz
Melange Blanc (weiße Pfeffermischung)

Den Kalbsfond leicht erwärmen und die geschlagene Sahne unterheben. Den Senf einrühren und mit Limonensaft, Salz und Pfeffer abschmecken.

▸ 4 Weißwürste à 80 g
300 g Baby Leaf Salat oder anderen gemischten Salat
12 Kirschtomaten, halbiert

Die Weißwurst grillen und danach leicht schräg aufschneiden.
Das Dressing unter den Salat heben und diesen auf große Pastateller geben.
Mit Kirschtomatenhälften und den Weißwurstscheiben garnieren.

BABY LEAF SALAT MIT ZIEGEN-FRISCHKÄSE-TRÜFFELN, HARISSADRESSING UND DEICHLAMMWURST

▸ **Für die Frischkäse-Trüffel:**
200 g Ziegenfrischkäse
50 g Feigenmark, alternativ kann auch Feigenmarmelade verwendet werden

Den Ziegenkäse mit befeuchteten Händen in ca. 10 Gramm schwere Stückchen teilen. Mit dem Daumen etwas platt drücken und ein wenig Feigenmark darauf geben. Das Mark mit dem Ziegenkäse umhüllen und zu Trüffel-Kügelchen formen.

▸ **Für das Harissadressing:**
1 frische Knoblauchzehe
etwas Meersalz
5 EL Olivenöl
3 EL Harissa
Saft einer Orange
3 Handvoll junger gemischter Salat, gewaschen
12 Kirschtomaten, halbiert, zum Beispiel Sorte San Marzano

Die geschälte Knoblauchzehe im Mörser mit dem Salz zu einer Paste verarbeiten. Dann mit dem Olivenöl, Harissa und dem Orangensaft zu einem Dressing verrühren. Den Salat und die Tomaten in eine Schüssel geben und das Dressing vorsichtig unterheben.

▸ 4 Deichlammwürste à 100 g vom Fleischer Ihres Vertrauens
4 EL alter dickflüssiger Balsamico, alternativ Balsamico Crème verwenden
etwas Melange Noir (schwarze Pfeffermischung)
1 Prise Niora

Die Deichlammwürstchen knusprig braun grillen.
Den Salat auf tiefe Teller geben und mit dem alten Balsamico, Melange Noir und etwas Niora würzen, aber nicht mehr durchmischen. Die Ziegenkäse-Trüffel auf dem Salat verteilen und die Wurst mit der Rundung nach oben auf dem Salat anrichten.

OREGANO-KARTOFFELSALAT

- 1 kg Kartoffeln
  1 frische Knoblauchzehe, gepellt, in feine Scheiben geschnitten
  1 rote Zwiebel, gepellt, fein gewürfelt
  5 EL Olivenöl
  3 EL Zitronensaft
  100 ml Kalbsfond
  2 EL frischer Oregano, fein gehackt
  Meersalz
  Melange Noir (schwarze Pfeffermischung)

Die Kartoffeln schälen, in reichlich Salzwasser garen und abgießen. Die Kartoffeln auskühlen lassen und in nicht zu dicke Scheiben schneiden.
Den Knoblauch zusammen mit den Zwiebeln in einem Esslöffel Olivenöl anschwitzen. Mit dem Zitronensaft und dem Fond ablöschen. Die Flüssigkeit auf die Hälfte einkochen. Den Oregano zugeben und vom Herd nehmen. Das restliche Olivenöl unter die Kartoffelscheiben heben und langsam das Dressing hinzufügen. Der Salat soll schön »schlotzig« werden. Mit Salz und Pfeffer abschmecken.

LAUWARMER KARTOFFELSALAT MIT PIMIENTOS DE PADRON, SAN MARZANO KIRSCHTOMATEN UND BALSAMICO

- 1 rote Zwiebel
  2 frische Knoblauchzehen
  etwas Salz
  6 EL Olivenöl

Die Zwiebel pellen und in Ringe schneiden. Den Knoblauch schälen und im Mörser mit ein wenig Salz zu einer Paste verarbeiten und das Olivenöl untermischen.

- 50 ml Balsamico
  2 EL Rohrzucker

Balsamico mit dem Zucker einkochen, bis ein Sirup entsteht.

- 250 g Pimientos de Padron
  4 EL Olivenöl
  15 San Marzano Kirschtomaten

Die Pimientos in Olivenöl scharf anbraten, bis die Haut der Pimientos Blasen wirft. Die Haut darf dabei ruhig etwas dunkel werden. Die Tomaten kurz mitbraten und die Pfanne dann vom Herd nehmen.

- 1 kg sehr kleine festkochende Kartoffeln (z. B. Linda)
  1 Bund Blattpetersilie, fein gehackt
  etwas Melange Noir (schwarze Pfeffermischung) zum Beispiel vom »Alten Gewürzamt«
  etwas Meersalz

Die Kartoffeln gut waschen und ungeschält in Salzwasser garen. Die Kartoffeln abgießen, halbieren und warm in eine große Schüssel geben. Die Pimientos, Tomaten und die Zwiebelringe hinzufügen. Die Balsamicoreduktion und das Knoblauchdressing vermischen und über den Salat geben. Vorsichtig, aber gut durchmischen. Mit Salz und Melange Noir abschmecken. Mit der Petersilie bestreuen und lauwarm servieren.

Dieser Salat passt besonders gut zu gegrillter Iberico Wurst, Chorizo oder gegrilltem Fleisch.

KARTOFFELSALAT »TIROLER ART«

- 1 kg festkochende Kartoffeln
  6 EL Rapsöl
  1 kleine Salatgurke

Die Kartoffeln in reichlich Salzwasser garen, abkühlen lassen, schälen und in Scheiben schneiden. Das Rapsöl unterheben. Die Gurke schälen, halbieren und mithilfe eines Teelöffels die Kerne entfernen. Die Gurke in Scheiben schneiden. Die Scheiben sollten die gleiche Stärke wie die Kartoffelscheiben haben. Die Gurken zu den Kartoffeln geben.

- **Für die Marinade:**
  4 EL Schalotten, fein gewürfelt
  4 EL Speckwürfel (am besten eignet sich Tiroler Bergspeck)
  20 g Butter
  6 EL weißer Balsamico
  150 ml Kalbsfond
  1 EL Dijon Senf
  etwas Salz
  etwas Pfeffer aus der Mühle
  1 Prise Zucker

Die Schalotten mit dem Speck in der Butter andünsten, mit dem Balsamico ablöschen und etwas einkochen lassen. Mit Fond auffüllen, den Senf einrühren und erneut etwas einkochen. Die Marinade langsam unter die Kartoffeln und Gurken heben und mindestens 30 Minuten durchziehen lassen. Danach den Salat mit etwas Salz, Pfeffer und einer Prise Zucker würzen.

EINTÖPFE/SUPPEN

WIENER KARTOFFEL-WURSTGULASCH IM WECKGLAS

Ein wunderbares Wintergericht.

- 500 g Kartoffeln
  1 Gemüsezwiebel
  4 Zehen frischer Knoblauch
  40 g Butter
  500 ml Kalbsfond
  6 Kümmelsamen, gemahlen
  2 EL Paprika edelsüß
  1 EL Paprika rosenscharf
  Abrieb von einer Zitrone
  1 Wiener Dürre (doppelt geräucherte Kochsalami aus Österreich)
  1 Cabanossi
  6 Debreziner
  4 Paar Wiener am besten vom Fleischer Ihres Vertrauens
  Die Würste sollten zusammen 400 g Gesamtgewicht nicht überschreiten.
  ½ Bund Majoran, gezupft und fein geschnitten

Die Kartoffeln schälen und vierteln. Die Zwiebel und den Knoblauch pellen, in kleine Würfelchen schneiden und in einem mittelgroßen Topf in zerlassener Butter anbraten. Die Kartoffeln und den Fond hinzufügen. Die Gewürze und den Zitronenabrieb in den Fond geben und so lange kochen, bis die Kartoffeln weich sind.
Die Würste in Scheiben schneiden und zusammen mit dem gehackten Majoran in den Eintopf geben und noch ca. 10 Minuten köcheln lassen. Sollte die Bindung noch nicht ausreichen, kann mit etwas frisch geriebener Kartoffel nachgeholfen werden.

- 4 EL Schmand
  etwas Majoran

Den Eintopf in bauchige Weckgläser füllen, eine Nocke Schmand darauf anrichten und mit frischem Majoran garnieren.

TOSKANISCHER BOHNENEINTOPF MIT SALSICCIA

- 1 Knolle frischer Knoblauch
  1 Zwiebel
  etwas Olivenöl
  1 Glas Weißwein
  400 g geschälte Tomaten aus der Dose
  4 Blätter Salbei
  1 Zweig Rosmarin
  2 Lorbeerblätter
  1 Schote Chili, getrocknet, zum Beispiel Sorte Bird Eye
  800 g Cannellini Bohnen aus der Dose
  4 Salsicce à 120 g, am besten aus der Toskana
  etwas Salz
  1 EL Rohrzucker

Die gepellten und in feine Würfelchen geschnittenen Zwiebel und Knoblauchzehen in ein wenig Olivenöl anschwitzen. Mit dem Weißwein ablöschen und soweit einkochen lassen, bis die Flüssigkeit fast ganz verdunstet ist. Dann die Tomaten samt Saft hinzufügen. Die zerbröselte Chili und die Kräuter dazugeben. Den Tomatenfond auf die Hälfte einkochen lassen. Die Bohnen hinzufügen und den Eintopf bei schwacher Hitze gut 1 Stunde durchziehen lassen. 20 Minuten vor Ende der Garzeit die Würste frisch grillen und mit zu dem Eintopf geben. Kurz vor dem Anrichten mit etwas Salz und dem Rohrzucker abschmecken. Die »verbrauchten« Kräuter aus dem Eintopf nehmen.

Den Eintopf in Weckgläser oder tiefe Schalen geben und die Würstchen mittig darauf anrichten.

Am besten schmeckt das Gericht am Folgetag. Der Eintopf kann auch ein wenig flüssiger gegessen werden. Die Basis wird dann lediglich mit ein wenig Kalbsfond aufgefüllt.

MORTEAU IN GEMÜSEBRÜHE

Dies ist eines der einfachsten Wurstgerichte, allerdings auch eines der Leckersten.

- 1 kg Kartoffeln, festkochend
  500 g Karotten
  2 Stangen Lauch
  2 Bund Frühlingszwiebeln
  2 Zehen frischer Knoblauch
  etwas Olivenöl
  3 L Gemüsebrühe
  50 ml Noilly Prat
  1 Lorbeerblatt
  5 Pimentkörner
  5 schwarze Pfefferkörner
  4 Morteau Würste à 120 g (geräuchert), alternativ geräucherte Kochwurst vom Metzger

Die Kartoffeln und Karotten schälen und diagonal in Scheiben schneiden. Den Lauch putzen und den hellen Teil in Scheiben schneiden. Die Knollen der Frühlingszwiebeln würfeln und mit den zerdrückten Knoblauchzehen in etwas Olivenöl anschwitzen.
Die Kartoffeln und das geschnittene Gemüse zufügen und kräftig anbraten. Mit dem Noilly Prat ablöschen und die Gewürze dazugeben. Den Ansatz mit der Gemüsebrühe auffüllen und die Würste dazugeben. Die Suppe solange köcheln lassen, bis das Gemüse bissfest und die Kartoffeln gar sind.

Die heiße Suppe in Weckgläser füllen und die Würste halbiert in das Glas stellen.

MAROKKANISCHE ERBSENSUPPE MIT MERGUEZ & MINZE

▸ **Für die Erbsensuppe:**
200 ml Noilly Prat
500 ml Geflügelfond
400 ml Sahne
½ Bund frische Minze
300 g junge Erbsen (TK geht auch)
50 g kalte Butter
etwas Salz
etwas Rohrzucker

Den Noilly Prat stark einkochen, mit dem Geflügelfond und der Sahne auffüllen. ⅔ der Erbsen mit der Minze in einer Küchenmaschine fein pürieren, in die Suppe geben und gut verrühren. Die Suppe nach dem Aufkochen durch ein feines Sieb geben, die kalte Butter untermischen. Die restlichen Erbsen hinzufügen. Die Suppe mit Salz und Rohrzucker abschmecken.

▸ **Lammreduktion:**
200 ml Lammfond
50 g Butter
3 EL Portwein
1 Prise Raz el Hanout (Marokkanisches Couscous Gewürz)

Den Lammfond sehr stark einkochen und mit der Butter aufrühren. Mit Portwein und Raz el Hanout abschmecken.

▸ 4 Merguez Würste
4 EL Sahne, geschlagen
1 Prise Raz el Hanout

Die Merguez grillen, diagonal in dünne Scheiben schneiden und in vorgewärmte tiefe Teller legen. Die Suppe aufgießen und die Lammreduktion in Form einer Spirale auf die Suppe geben. Eine Nocke der geschlagenen Sahne mittig auf der Suppe anrichten und mit einer Prise Raz el Hanout garnieren.

PIKANTES CURRYWURST-SÜPPCHEN

- 3 EL brauner Rohrzucker
  100 ml trüber Apfelsaft
  100 ml Kalbsfond
  4 Kapseln Sternanis
  10 Gewürznelken
  6 Pimentkörner
  1 TL schwarze Pfefferkörner
  1 L passierte italienische Tomaten
  Curryessig (siehe Grundrezepte, Seite 194)
  etwas Salz

Den Rohrzucker im Topf karamellisieren, mit trübem Apfelsaft und dem Kalbsfond ablöschen. Das Karamell vollständig auflösen und die Gewürze hinzufügen. Den Fond um die Hälfte einkochen und mit den passierten Tomaten auffüllen. Solange köcheln lassen, bis die gewünschte Konsistenz erreicht ist. Mit Essig und Salz abschmecken und durch ein feines Sieb geben.

- 4 Kalbsbratwürstchen à 60 g
  4 TL Schmand
  etwas Jaipur Curry
  4 Bambusspieße

Die Würstchen grillen, bis sie anfangen aufzuplatzen, dann anschneiden und auf Bambus-Spieße aufziehen.

Die Suppe in Schalen füllen, mit Schmandnocken garnieren und mit Curry bestäuben. Kalbswurstspieße am Rand anlegen.

LENTEJAS (LINSEN MIT CHORIZO & MORCILLA)

Dieses ist eine Art Nationalgericht in Spanien und wird traditionell mit Morcilla Würsten gekocht. Ersatzweise empfehlen wir die kleinen Blutwürste von Marcus Benser.

- 200 g Chorizo mild, frisch (nicht gebrüht), in Scheiben geschnitten
  Olivenöl
  1 Zwiebel, fein gewürfelt
  150 g Pancetta, fein gewürfelt (weißer Speck, nicht geräuchert)
  2 Knoblauchzehen frisch, gepellt, in feine Scheiben geschnitten
  2 Lorbeerblätter
  1 TL Niora
  8 kleine Blutwürste à 60 g
  300 g getrocknete Belugalinsen
  etwas Meersalz
  etwas Melange Noir (schwarze Pfeffermischung zum Beispiel »Altes Gewürzamt«)
  2 EL Blattpetersilie, fein gehackt

Die Chorizo in heißem Olivenöl scharf anbraten, bis sie Farbe genommen hat. Dann aus dem Fett nehmen und beiseitestellen. Das Öl hat so den Geschmack der Chorizo angenommen und sollte nun leicht rötlich sein.
Die Hitze reduzieren und die Zwiebel mit dem Pancetta in die Pfanne geben. So lange braten, bis die Zwiebeln Farbe genommen haben und leicht süßlich schmecken.
Nun den Knoblauch, den Lorbeer und ein wenig Salz hinzufügen. Die Chorizo wieder in die Pfanne geben und mit dem Niora Pulver, den Blutwürsten und den Linsen einmal durchschwenken. Mit einem Liter Wasser bedecken und bei mittlerer Hitze ca. 20 Minuten köcheln lassen. Die Linsen sollten am Ende der Garzeit weich sind. Mit Salz und Pfeffer abschmecken und der gehackten Petersilie bestreuen.

Es bietet sich an, dieses Gericht in einem kleinen Bräter zuzubereiten und auch in diesem zu servieren.

KARTOFFELSUPPE MIT BLUTWURSTNOCKEN

▸ **Für die Suppe:**
1 große Kartoffel (mehlig)
1 Stange Lauch
1 große Karotte
1 große Schalotte, geschält und fein gewürfelt
1 L Kalbsfond
1 Bund Majoran
etwas Salz
etwas Melange Blanc (weiße Pfeffermischung), zum Beispiel vom »Alten Gewürzamt«

Die Kartoffel und das Gemüse putzen und in feine, hauchdünne Streifen schneiden. Den Fond aufkochen, erst die Kartoffelstreifen und nach 2–3 Minuten auch das Gemüse und die Schalotten hineingeben und darin 10 Minuten gar ziehen lassen. Mit Salz und Melange Blanc abschmecken. Das Gemüse sollte noch Biss haben, die Kartoffelstreifen hingegen müssen gar sein. Den fein geschnittenen Majoran hinzugeben.

▸

Für die Blutwurstnocken:
100 g Blutwurst
200 g Kalbshack
1 Ei
50 ml Sahne
etwas Quatre Epice, alternativ können Sie auch fein gemahlenen Piment benutzen

Für die Nocken die Blutwurst ohne Darm, das Kalbshack, das Ei und die Sahne im Mixer zu einer Farce (feiner Fleischbrei) verarbeiten. Mit Quatre Epice abschmecken. Mit zwei Suppenlöffeln Nocken ausstechen, in die leicht köchelnde Brühe geben und gar ziehen lassen.

Die Suppe in tiefen Tellern anrichten und mit den Nocken garnieren.

COTECHINO AUF BELUGALINSEN MIT SÜDTIROLER SPECKSEGEL

Die italienische Cotechino ähnelt sehr der französischen Saucisson, allerdings ist die französische Version ein wenig magerer, salziger und trockener. Die Cotechino ist wesentlich feiner im Geschmack.

- 1 Cotechino Wurst (im italienischen Feinkostladen erhältlich)

Die Wurst über Nacht in kaltes Wasser oder Milch einlegen. Die Flüssigkeit abgießen. Die Wurst in einem großen Topf in reichlich Wasser ca. 2 Stunden und 30 Minuten köcheln lassen. Der Darm darf während der Kochzeit nicht verletzt werden, da die Wurst sonst »austrocknet«. Nach der Kochzeit den Herd ausstellen und die Wurst noch etwa 20 Minuten ziehen lassen.

- **Für die Linsen:**

1 Zwiebel, geschält und fein gewürfelt
50 g Pancetta, gewürfelt
10 g Butter
6 EL Balsamico
150 g Belugalinsen
2 Zweige Thymian
5 Zweige Blattpetersilie
10 g Butter
1 Msp. Dijon Senf

Zwiebel und Speck in der Butter anschwitzen und mit dem Balsamico ablöschen. Die Linsen hinzufügen und anderthalb Liter Wasser angießen. Die Kräuter hinzufügen und die Linsen gar kochen. Ein Drittel der gekochten Linsen abnehmen. Die restlichen Linsen samt Flüssigkeit pürieren. Die Butter erhitzen, leicht bräunen und zusammen mit dem Senf unter die pürierten Linsen heben.

- **Für die Gewürzjus:**

200 ml Rotwein
200 ml Madeira
400 ml Kalbsfond
1 Blatt Lorbeer
1 Nelke
5 Wacholderbeeren
1 Zweig Rosmarin
1 Zweig Thymian

Den Rotwein und den Madeira fast gänzlich einkochen und mit dem Kalbsfond ablöschen. Gewürze und Kräuter hinzufügen und stark zu einer dunklen Sauce einkochen. Die Jus durch ein feines Sieb geben und zusammen mit den zurückgehaltenen Linsen unter das Püree heben. Gegebenenfalls mit etwas Salz nachschmecken.

▸ 4 Scheiben Südtiroler Speck

Den Speck knusprig braun grillen.

Die Linsen in einen Teller geben, zwei bis vier Scheiben der frisch aufgeschnittenen Cotechino aufrecht in die Linsen stellen und mit dem Specksegel garnieren.

CHORIZO MIT WIRSING, SPECK UND MARONEN

▸ **Den Wirsing vorbereiten:**
1 kg Wirsing

Den Wirsing waschen, entstrunken und in walnussgroße Stücke schneiden. In kochendem Salzwasser 1 Minute blanchieren und danach in Eiswasser abschrecken. So gart der Kohl nicht weiter und behält seine grüne Farbe. Das Wasser wieder abgießen.

▸ 200 g Pancetta, gewürfelt (italienischer Bauchspeck, nicht geräuchert)
4 Stk. Chorizo, mild à 120 g
3 EL Olivenöl
4 Knoblauchzehen
250 g Maronen, gegart, grob gehackt (aus dem Feinkostladen)
3 Zweige Thymian, gezupft und gehackt
20 cl Sherry sweet & rich

Den Speck und die Chorizo in Olivenöl anbraten. Den Knoblauch hinzufügen und Farbe nehmen lassen. Die Maronen mit dem Thymian dazugeben und nach 5 Minuten mit dem Sherry ablöschen. Den Wirsing dazugeben und braten, bis der Kohl weich geworden ist. Gegebenenfalls mit Salz und Pfeffer nachschmecken.

Den Wirsing möglichst in einem Anrichtering auf Pastatellern anrichten, natürlich geht es auch ohne Ring. Die Wurst anlegen und sofort servieren.

IMBISSKLASSIKER DE LUXE

WESTFÄLISCHES WURSTEBROT NACH BÄCKERART (WESTFÄLISCHER »HOTDOG«)

Wer in Westfalen groß geworden ist, wird sich an Wurstebrote erinnern. Gemeint ist nicht die Metzgervariante, angereichert durch Roggenschrot und Schweineblut, sondern die wunderbar duftenden Blätterteigbrote, gefüllt mit einer Art Wollwurst. Unsere Version gibt es entweder mit Kräutern der Provence oder schwarzem Trüffel.

▸ **Für die Füllung:**
250 g Hackfleisch vom Schwein
250 g Hackfleisch vom Kalb
1 Bund Blattpetersilie
1 Bund Kerbel
1 Bund Estragon
Abrieb einer halben Zitrone
2 Eier
50 g Parmesan, frisch gerieben
100 g Semmelbrösel
1 Prise Salz
1 g Macisblüte (Muskatblüte)
40 g Butterschmalz

Das Hackfleisch mit den gewaschenen, gezupften und fein gehackten Kräutern, dem Zitronenabrieb, Eiern, Parmesan, Semmelbrösel, einer Prise Salz und der Macisblüte vermischen und gut durchkneten. Zu 6 kleinen Röllchen formen und kurz bei geringer Hitze in ein wenig Butterschmalz anbraten, ohne dass sie Farbe nehmen.

▸ 2 gefrorene Blätterteigplatten oder besser Strudelteig aus dem Feinkostladen
1 Eigelb

Die Blätterteigplatten in 6 kleine Rechtecke schneiden und mit Eigelb bestreichen. Ein Fleischröllchen mittig auf eine Teigplatte legen und mit einer zweiten Teigplatte abdecken. Die Seiten mit einer Gabel festdrücken. Die Wurstebrote noch mit Eigelb bestreichen und bei 220 °C in den Backofen geben, bis die Wurstebrote goldbraun und knusprig geworden sind.

Die Füllung kann auch wunderbar mit schwarzem Trüffel ergänzt werden, man sollte dann allerdings die Kräuter weglassen.

Serviert wird in jedem Fall mit Senf und einem kühlen Pils. In getrüffelter Version natürlich mit entsprechendem Rotwein!

SCHASCHLIK VON DER DEICHWIESENLAMMWURST MIT FEIGEN UND RAZ EL HANOUT CRÈME

▸ **Für die Raz el Hanout Crème:**
150 g Griechischer Joghurt
1 EL Lavendelhonig
½ EL Raz el Hanout
etwas Meersalz

Joghurt und Honig verrühren, Raz el Hanout einarbeiten und mit etwas Salz abschmecken.

▸ **Für das Schaschlik:**
6 frische Deichlammwürste à 80 g
4 frische reife türkische Feigen
4 Bambusspieße, gewässert
etwas Meersalz
etwas Rohrzucker

Die Enden der Lammwürste abtrennen. Den Rest der Würste halbieren und abwechselnd mit einer halbierten oder geviertelten Feige auf die Bambusspieße ziehen. Mit der Schnittfläche der Feige nach oben auf den Grill legen. Die Schnittfläche der Feige sollte nie auf dem Grillrost liegen. Also auch beim Wenden der Wurst die Feigen am Spieß entsprechend drehen.

Wenn die Wurst gar und kross gebraten ist, den Schaschlik auf eine feuerfeste Form legen, die Feigen mit Rohrzucker bestreuen und mit einem Bunsenbrenner karamellisieren.

Die Raz el Hanout Crème mithilfe einer Spritztüte als gerade Linie (so lang wie der Schaschlik ist) auf den Teller geben, den Schaschlik daneben anrichten und servieren.

Dazu passt ofenwarmes Fladenbrot oder frisch gemachtes Couscous (siehe Merguez mit Couscous, Seite 34).

PIKANTE ZIGEUNERWURST

Ein absoluter Imbissklassiker, den alle lieben. Selten wird er frisch zubereitet und daher ist er in dieser Version unverwechselbar »Curry Queen«.

- **Für die Zigeunersauce:**
  120 g dunkler Rohrzucker
  0,2 L trüber Apfelsaft
  1 großes Glas »Tomaten Paprika«, zum Beispiel Filder Spitzbüble
  1 L Kalbsfond
  50 g Mehlbutter
  0,5 g King Chili
  2 EL Paprikapulver rosenscharf
  2 EL Paprikapulver edelsüß
  etwas Meersalz

Den Rohrzucker in einem großen Gemüsetopf karamellisieren und mit Apfelsaft ablöschen. Hat sich das Karamell vollständig im Saft gelöst, die gewaschenen »Tomaten Paprika«, Paprikapulver und den Kalbsfond dazugeben. Bei mittlerer Hitze langsam einkochen. Die Mehlbutter (siehe Glossar) für die Bindung dazugeben und mit King Chili und Salz abschmecken.

- 4 Kalbsbratwürste à 100 g
  Kartoffelstampf (siehe Seite 96)
  1 Prise Niora (getrocknete und grob gemahlene spanische Paprika), im Gewürzfachhandel

Die Bratwürste knusprig braun grillen.

Püree auf tiefen Pastatellern anrichten. Die Kalbsbratwürste anlegen und mit der Zigeunersauce übergießen. Das Kartoffelpüree mit Niora bestreuen und servieren.

Sie werden nie wieder eine andere Zigeunerwurst essen, versprochen!

JÄGERWURST MIT THYMIAN-SPÄTZLE

▸ **Für die Spätzle:**

4 Eier
400 g Mehl
1 Prise Salz
etwas Mineralwasser
½ Bund Thymian, gezupft und fein gehackt
40 g Butter

Für die Spätzle die Eier mit dem Mehl und dem Salz zu einem glatten Teig verarbeiten und solange mit der flachen Hand schlagen, bis er Blasen wirft. Zwischendurch Mineralwasser zugeben, damit der Teig nicht zu zäh wird. Den Thymian unter den Teig mischen und 20 Minuten ruhen lassen. Den Teig immer portionsweise auf ein befeuchtetes Spätzlebrett streichen und in kochendes Salzwasser schaben. Wenn sie an die Wasseroberfläche kommen, sind sie fertig und können mit einer Schaumkelle aus dem Wasser geschöpft werden. Für diese Menge Teig bedarf es mehrerer Schab-Durchgänge. Die fertigen Spätzle können in etwas gebräunter Butter geschwenkt werden.
Wenn das Schaben vom Brett nicht klappt, bekommen Sie auch eine »Spätzlepresse« (ähnlich einer Kartoffelpresse) im Handel.

▸ **Für die Jägersauce:**

6 Schalotten
4 frische Knoblauchzehen
300 g frische Steinpilze oder alternativ Kräutersaitlinge
300 g rosé Champignons, kleine Köpfe
50 g Butter
200 g Pancetta, gewürfelt
150 ml weißer Portwein
400 ml Sahne
2 cl Cognac
etwas Salz
Melange Blanc (weiße Pfeffermischung)

Die Schalotten pellen und in feine Streifen schneiden, den Knoblauch ebenfalls pellen und in hauchdünne Scheiben schneiden. Die Pilze putzen, halbieren und mit dem Pancetta in der Butter scharf anbraten. Schalotten und Knoblauch hinzugeben und mitrösten. Den Portwein hinzugießen und fast vollständig verkochen lassen.
Die Sahne angießen und weitere 10 Minuten köcheln. Mit Cognac, Salz und Melange Blanc abschmecken.

- 4 Kalbsbratwürste
  4 Zweige Blattpetersilie

Die Bratwürste knusprig braun grillen.
Die Spätzle in großen Pastatellern anrichten und die Pilzsauce darübergeben.
Die Bratwürste schräg aufschneiden und auf den Spätzle anrichten. Mit frischer Blattpetersilie garnieren.

CURRYWURST MIT SELBST GEMACHTEN POMMES FRITES »ROT-WEISS«

- **Mayonnaise:**
  2 Eigelb
  1 TL Dijon Senf
  200 ml Rapsöl
  1 Spritzer Limonensaft
  1 Spritzer Tabasco
  1 TL Rohrzucker
  Salz

Eigelb und Senf mit einem Handrührgerät verquirlen. Das Rapsöl in sehr feinem Strahl in die Eimasse geben und dabei zügig weiterrühren. Sollte die Mayonnaise gerinnen, wurde das Öl wahrscheinlich zu schnell zugefügt. Mit etwas warmem Wasser wird die geronnene Mayonaise wieder glatt gerührt. Mit Limonensaft, Tabasco, einer Prise Zucker und Salz abschmecken. Die Mayonnaise bis zum Servieren kühl stellen.

- **Ketchup:**
  1 EL Olivenöl
  125 g Tomatenmark
  250 ml trüber Apfelsaft
  50 ml Kalbsfond
  etwas Salz
  1 TL Piment d`Espelette (Chili aus dem Baskenland)
  etwas Rohrzucker
  ein paar Spritzer Curryessig (siehe Seite 194)

Das Olivenöl erhitzen, Tomatenmark dazugeben und kurz anrösten. Den Apfelsaft sowie den Kalbsfond hinzugeben. Kurz aufkochen und mit Salz, Piment d`Espelette und Zucker abschmecken. Dann erst mit dem Curryessig würzen.

- **Pommes Frites:**
  1 kg Kartoffeln, zum Beispiel der Sorte Linda
  2 L Rapsöl
  50 g »Pommessalz« (⅓ Piment d`Espelette, ⅔ Maldon salt)

Die Kartoffeln schälen und in 14 mm dicke Scheiben teilen. Danach in 12 mm dicke Stifte schneiden. Bei 160 °C ca. 4 Minuten vorfrittieren. Kurz vor dem Servieren die Pommes Frites bei 190 °C goldbraun backen und mit dem Pommes-Salz würzen.

▸ 4 Kalbswürste á 100 g
1 TL Currypulver »Curry Queen«

Die Würste knusprig braun grillen.
Die Pommes Frites, als auch die Currywurst jeweils in Pommesschalen aus Porzellan anrichten. Die Currywurst schneiden, mit dem warmen Ketchup benetzen und mit dem Curry bepudern. Mithilfe einer Spritztüte die Mayonnaise auf den Pommes Frites platzieren, oder in einem Schälchen daneben servieren.

CHORIZO KARTOFFELCHIPS

Ein beliebter Snack und einfach herzustellen. Auch als Beilage zu Gegrilltem und anderen Würsten wunderbar.

- 500 g mehligkochende Kartoffeln
  Meersalz
  30 g geräuchertes Paprikapulver
  80 g Chorizo vom Iberico Schwein

Die Kartoffeln schälen und gar kochen. Durch die Kartoffelpresse drücken und die Masse hauchdünn auf eine Backmatte oder alternativ Backpapier streichen.
Für ca. 1 Stunde einfrieren. Chips in beliebiger Form ausstechen und im Backofen auf Backpapier bei 100 °C trocknen. Die Chips auskühlen lassen und mit Salz und dem geräucherten Paprikapulver würzen. Mit der hauchdünn aufgeschnittenen Chorizo belegen und ein kühles Bier dazu servieren.

Schmeckt auch wunderbar mit Blutwurst oder italienischer Calabrese.

DEUTSCHE WURSTKLASSIKER

BAYERISCHE SCHWEINSBRATWÜRSTLE MIT SAUERKRAUT UND KARTOFFELSTAMPF

Eins der beliebtesten Wurstgerichte neben der Currywurst in Deutschland. Wenn dieses Gericht bei uns auf der Karte steht, bestellen es selbst härteste Currywurst Stammkunden!

Kartoffelstampf (siehe Seite 96)

▸ **Für das Sauerkraut:**
1 kg Sauerkraut vom Spitzkohl aus Filderstadt oder frisch vom Markt aus dem Fass
20 g Butterschmalz
3 Lorbeerblätter
3 TL gemahlener Kümmel
400 ml Kalbsfond
1 Kartoffel, mehligkochend, geschält und fein gerieben
1 EL Crème fraîche
etwas Salz
Pfeffer aus der Mühle
1 Prise Zucker

Es ist eine Frage des eigenen Geschmacks, ob man das Sauerkraut wäscht oder im eigenen Sud aufkocht. Wer es richtig sauer mag, sollte entsprechend auf das Waschen verzichten. In der Queen wird das Kraut jedoch gespült, da wir die Dominanz der Säure nicht so gerne mögen.

Das Kraut also gewaschen und abgetropft in Butterschmalz anschwitzen, die Gewürze hinzufügen, mit dem Kalbsfond ablöschen und abgedeckt ca. 30 Minuten köcheln lassen. Die Kartoffel nach und nach zum Sauerkraut geben, bis die gewünschte Bindung erreicht ist. Crème fraîche dazugeben und mit Salz, Pfeffer und einer Prise Zucker abschmecken.

▸ 8 Paar bayerische Schweinsbratwürschtle nach Nürnberger Art à 70 g

Die Würstchen knusprig braun grillen.

Kartoffelstampf und Sauerkraut in tiefen Tellern anrichten. Ein wenig vom Fond über Kraut und Stampf gießen. Zwei Paar Würste über die Kartoffeln und Kraut verschachteln.

LABSKAUS VON DER BLUTWURST

- 600 g Blutwurst, zum Beispiel von Marcus Benser
  2 Schalotten, gepellt, fein gewürfelt
  1 TL Butterschmalz
  2 Gewürzgurken, fein gewürfelt
  6 EL Gewürzgurkenwasser
  250 ml Kalbsfond
  300 g mehligkochende Kartoffeln, gekocht und gepellt
  100 ml Rote-Bete-Saft
  50 ml Portwein
  Melange Blanc (weiße Pfeffermischung)
  etwas Salz

Die Blutwurst etwa 20 Minuten in Wasser einlegen, herausnehmen und den Darm abziehen. Die Blutwurst mit der Gabel sehr fein zerdrücken. Die Schalotten in Butterschmalz anschwitzen, die Gurken sowie das Blutwurstbrät dazugeben und kurz anbraten. Mit Gurkensaft und Kalbsfond ablöschen.
Die Kartoffeln durch eine Presse in den Labskaus geben und aufkochen. Den Rote-Bete-Saft mit dem Portwein auf ein Drittel der ursprünglichen Menge einkochen und zum Labskaus geben. Mit Melange Blanc und etwas Salz abschmecken und lang einkochen, bis ein geschmeidiger Brei entsteht. Er darf ruhig noch etwas »fließen«.

- **Für das »Kartoffelstroh«:**
  4 festkochende Kartoffeln
  400 g Butterschmalz

Die Kartoffeln schälen, in hauchdünne Scheiben schneiden und danach fein stifteln. In heißem Butterschmalz zu Kartoffelstroh ausbacken und auf Küchenpapier abtropfen lassen.

- **Für die Wachteleier:**
  4 Wachteleier
  1 TL Butterschmalz
  1 EL geschlagene Sahne
  1 Prise Meersalz

Die Wachteleier in Butterschmalz braten. Die Wachteleier lassen sich am besten öffnen, wenn man sie mit der Spitze eines kleinen Messers einritzt.

Das Labskaus mithilfe eines mittelgroßen Anrichterings auf die Teller verteilen und etwas Schlagsahne auf das Labskaus setzen. Das Spiegelei auf die Sahne geben und mit dem Kartoffelstroh garnieren.

»HIMMEL UND ERDE« – BLUTWÜRSTCHEN MIT KARAMELLISIERTEN CALVADOSÄPFELN, KARTOFFELSTAMPF UND PORTWEINBUTTER

- **Für den Kartoffelstampf:**
  600 g Kartoffeln, mehligkochend, geschält
  50 ml Milch
  150 g Butter
  1 Prise Muskat
  etwas Meersalz

Die Kartoffeln in reichlich Salzwasser garen, abgießen und stampfen. Die Milch und die Butter unterrühren und mit Muskat und Meersalz abschmecken.

- **Für die Portweinbutter:**
  0,2 L Portwein
  100 g Butter, eisgekühlt
  1 Prise Salz

Den Portwein stark einkochen und mit der Butter binden. Mit etwas Salz abschmecken.

- **Für die karamellisierten Calvadosäpfel:**
  4 Äpfel, zum Beispiel der Sorte Braeburn
  40 g Butter
  3 EL Rohrzucker
  4 cl Calvados
  4 Zweige Thymian

Die Äpfel schälen, entkernen und in feine Würfelchen schneiden. Die Würfel in Butter anbraten, mit dem Rohrzucker bestreuen und karamellisieren lassen. Mit dem Calvados ablöschen und flambieren. Zum Schluss den frisch gehackten Thymian unterheben.

- 16 kleine Blutwürstchen à 30 g, zum Beispiel von Marcus Benser

Die Blutwürste sehr vorsichtig grillen. Die Würste dürfen nicht platzen. (Bei den kleinen Blutwürsten von Marcus Benser kann der Darm mitgegessen werden.)

Den Kartoffelstampf mithilfe eines Anrichteringes auf den Tellern verteilen. Drei Esslöffel des Apfelkompottes auf dem Stampf anrichten und glattstreichen. Etwas von der Portweinbutter angießen und erst dann den Ring abziehen. Jeweils vier Blutwürste pro Kartoffelkranz anrichten und servieren.

GRÜNKOHL MIT KOCHWURST, KASSLER VON DER WACHTEL UND DIJON-SENF-JUS

► **Für die Wachteln:**
4 Wachtelbrüstchen mit Haut, ohne Knochen
4 Wachtelkeulchen
1 EL Nitritpökelsalz (beim Metzger erhältlich)
1 EL Butterschmalz

Die Hautseite mit dem Nitritpökelsalz einreiben und in einem verschließbaren Gefrierbeutel 3 Stunden im Kühlschrank ziehen lassen. Die Wachtelbrüste und Keulen abspülen und in Butterschmalz auf der Hautseite 3 Minuten knusprig braten und dann wenden. Auf kleinster Flamme nachziehen lassen.

► **Für den Grünkohl:**
600 g Grünkohl, gezupft, ohne Stiele
3 Schalotten, gepellt, fein gewürfelt
1 EL Butterschmalz
200 ml Wachtelfond, alternativ Geflügelbrühe
4 kleine Kochwürste à 60 g (westfälischer Art) vom Metzger
1 große Kartoffel, mehligkochend, geschält, gewürfelt
Melange Blanc (weiße Pfeffermischung)
etwas Salz

Den Grünkohl ca. 3 Minuten blanchieren und in Eiswasser abschrecken. Den Grünkohl mithilfe einer Salatschleuder trocknen. Die Schalotten in Butterschmalz anschwitzen, den Grünkohl hinzufügen und mit dem Wachtelfond ablöschen. Die Kochwürste und die Kartoffeln dazugeben und ca. 30 Minuten köcheln lassen. Die Kochwurst herausnehmen. Den Grünkohl in der Küchenmaschine pürieren und mit Melange Blanc und Salz abschmecken. Die Kohlwürste wieder in das Püree geben.

► **Für die Jus:**
50 ml Noilly Prat
50 ml Wachtelfond, alternativ Geflügelbrühe
200 ml Sahne
Dijon Senf mit Senfkörnern
etwas Salz

Noilly Prat in einem kleinen Topf stark einkochen, mit dem restlichen Wachtelfond und der Sahne ablöschen und auf die Hälfte einkochen. Mit Senf und einer Prise Salz abschmecken. Die Jus darf nicht zu sämig werden, da sie noch schaumig geschlagen werden soll.
Den Grünkohl in Pastatellern mittig anrichten. Die Jus mit einem Pürierstab aufschäumen und angießen, sodass sie den Kohl umschließt. Wachtelbrust, Keule und Kochwurst auf dem Kohl drapieren.

ENTENBRATWÜRSTCHEN MIT CHAMPAGNERKRAUT UND KARTOFFELPUFFERN

▸ **Für das Champagnerkraut:**
500 g Sauerkraut vom Fass oder von Spitzbüble aus der Dose
2 EL Rohrzucker
0,2 L Apfelsaft
100 g kleine, kernlose Weintrauben
400 ml Kalbsfond
etwas Salz
frischer Pfeffer aus der Mühle
3 EL Champagneressig
3 EL Crème fraîche
0,2 L Champagner

Das Sauerkraut gründlich abspülen. Den Rohrzucker karamellisieren und mit dem Apfelsaft ablöschen. Ist das Karamell vollständig aufgelöst, das Kraut mit den Weintrauben in den Sud geben und mit dem Kalbsfond auffüllen. Ca. 30 Minuten köcheln lassen. Danach das Kraut mit Salz, Pfeffer und Champagneressig abschmecken. Crème fraîche einrühren. Kurz vor dem Servieren nochmals aufkochen und einen Schuss Champagner angießen. Sofort anrichten, da die Sauce dann noch ein wenig der Kohlensäure behält.

▸ **Für die Kartoffelpuffer:**
400 g mehligkochende Kartoffeln, geschält
1 Eigelb
Salz
200 g Butterschmalz

Die Kartoffeln fein raspeln und ausdrücken. Die Flüssigkeit auffangen und 10 Minuten stehen lassen. Das Wasser abschütten und die am Boden abgesetzte Stärke wieder zu den Kartoffelraspeln geben. Das Eigelb mit etwas Salz unter die Kartoffelmasse geben und gut vermengen. Kleine Puffer in reichlich Butterschmalz ausbacken und auf Küchenpapier abtropfen lassen. Im Ofen warm halten.

▸ 8 Entenwürstchen à 40 g (siehe Seite 182)
1 Tasse geschlagene Sahne

Die Würstchen knusprig braun grillen.
Das Champagner-Kraut mittig im Ring auf einen tiefen Teller geben und mit einer kleinen Sahnehaube garnieren. Ring abziehen. Darüber seitlich einen Kartoffelpuffer legen, sodass das Kraut und die zerfließende Sahne noch zu sehen sind. Die Entenwürstchen seitlich am Kraut anrichten.

DEICHLAMMBRATWURST MIT MALZBIER-BALSAMICO-JUS UND ORANGENBLÜTENSPITZKOHL

▸ **Für den Orangenblütenspitzkohl:**
1 kleiner Spitzkohl
50 g Butter
2 TL Orangenblüten, getrocknet
etwas Fleur de Sel
0,2 L Weißwein

Den Spitzkohl waschen, halbieren und entstrunken. Mit der Schnittstelle nach oben in einen Bräter legen. Die Butterflocken auf der Schnittfläche verteilen und getrocknete Orangenblüten sowie Meersalz darüber streuen. Bei 220 °C in den Ofen geben. Nach 5 Minuten mit dem Weißwein übergießen und weitere 25 Minuten im Ofen garen. Den fertigen Kohl in dünne Streifen schneiden, mit dem Sud vermischen und nochmals abschmecken. Den Kohl warm stellen.

▸ **Für Malzbier-Balsamico-Jus:**
1 Flasche Malzbier
200 ml Balsamico
½ Chili Bird Eye Schote, fein gehackt
1 Prise Fleur de Sel
20 g eiskalte Butter

Für die Jus alle Zutaten, außer der Butter, in einen Topf geben und so lange einkochen, bis ein Sirup entsteht. Danach die Butter mithilfe eines Schneebesens einrühren.

▸ 4 Deichlammwürste, zum Beispiel vom Gänsehof in Keitum/Sylt

Die Würste knusprig grillen.

Die Jus mit einem Pinsel mittig auf länglichen Tellern auftragen. Mithilfe von zwei Suppenlöffeln zwei Nocken vom Kohl formen und auf den Pinselstrich setzen. Die Lammbratwürstchen seitlich am Kohl anrichten.

KRÜSTCHEN VON DER WOLLWURST MIT BABYSPINAT, KALBSJUS, SPIEGELEI VON DER WACHTEL UND SCHWARZEN TRÜFFELN

▸ Für die Krüstchen:
2 Eier
50 ml Sahne
1 Spritzer Limonensaft
etwas Salz
Pfeffer aus der Mühle
2 Wollwürste à 80 g
4 EL Mehl
6 EL Paniermehl, am besten vom Bäcker
500 g Butterschmalz

Die Eier mit der Sahne und dem Limonensaft verquirlen und mit Salz und Pfeffer würzen. Die Wollwürste leicht schräg in fingerdicke Scheiben schneiden, mehlieren und durch die Eimischung ziehen. Danach mit Paniermehl umhüllen. Überschüssiges Paniermehl abklopfen. In einer großen Pfanne reichlich Butterschmalz erhitzen und die Wollwurst-Krüstchen goldbraun ausbacken.

▸ Für die Kalbsjus:
1 kleiner schwarzer Trüffel
20 g Butter
6 cl Portwein
350 ml Kalbsfond
20 g Butter, eisgekühlt
etwas Salz
Pfeffer aus der Mühle

Den Trüffel putzen, in dünne Scheibchen schneiden und stifteln. Den Trüffel kurz in der Butter anschwitzen, mit dem Portwein ablöschen und dem Kalbsfond auffüllen. Die Flüssigkeit um ein Drittel einkochen. Die kalte Butter mithilfe eines Stabmixers in die Sauce mixen und mit Salz und Pfeffer abschmecken.

▸ Für den Spinat:
2 Schalotten, gepellt und gewürfelt
20 g Butter
1 kg Spinat
4 cl Noilly Prat
2 EL Crème fraîche
etwas Salz
Pfeffer aus der Mühle ▸106

Die Schalotten in der Butter anschwitzen. Den Spinat hinzufügen und mit Noilly Prat und dem Kalbsfond ablöschen. Hat der Spinat die Flüssigkeit aufgenommen, die Crème fraîche unterrühren und mit Salz und Pfeffer abschmecken.

▸ **Für die Wachtelspiegeleier:**
4 Wachteleier
10 g Butter
etwas Maldon salt

Wachteleier mit einem scharfen Messer anritzen und öffnen, in etwas Butter in einer beschichteten Pfanne braten. Die Eier erst beim Anrichten salzen, vorher würde das Eigelb austrocknen.

Auf einem Pastateller oder einem großen Teller den Spinat in einen Ring füllen und die Jus angießen, sodass der Saucen-Spiegel sich um den Ring legt. Schnitzel gegen den Spinat lehnen und ein Wachtelspiegelei auf den Spinat setzen. Pro Person sollten Sie mindestens 3 Schnitzel anrichten.

KALBSBRATWURST
BERLINER
OHNE DARM
ORIENTALISCHE
LAMMCURRYWURST

INTERNATIONALE WURSTKLASSIKER

WOLLWURSTSCHNITZEL »WIENER ART« MIT GURKEN-SPECK-KARTOFFELSALAT

▸ **Für den Kartoffelsalat:**
1 kg festkochende Kartoffeln
6 EL Rapsöl
1 kleine Salatgurke

Die Kartoffeln in reichlich Salzwasser garen, abkühlen lassen, schälen und in Scheiben schneiden. Das Rapsöl unterheben. Die Gurke schälen, halbieren und mithilfe eines Teelöffels die Kerne entfernen. Die Gurke in Scheiben schneiden. Die Scheiben sollten die gleiche Stärke wie die Kartoffelscheiben haben. Die Gurken zu den Kartoffeln geben.

▸ **Für die Salat-Marinade:**
4 EL Schalotten, klein gewürfelt
4 EL Speckwürfel
20 g Butter
6 EL weißer Balsamico
150 ml Kalbsfond
1 EL Dijon Senf
etwas Salz
etwas Pfeffer aus der Mühle
1 Prise Zucker

Für die Marinade die Schalotten mit dem Speck in der Butter andünsten, mit dem Balsamico ablöschen und etwas einkochen lassen. Mit dem Fond auffüllen, den Senf einrühren und erneut etwas einkochen. Die Marinade langsam unter die Kartoffeln und Gurken heben und mindestens 30 Minuten durchziehen lassen. Danach den Salat mit etwas Salz, Pfeffer und einer Prise Zucker würzen.

▸ **Für die Schnitzel:**
12 Wollwurstschnitzel, paniert (siehe Seite 104, Krüstchen)
400 g Butterschmalz
1 Bund Blattpetersilie
30 ml Kürbiskernöl
4 kleine Limonenspalten oder Limonenfilets

Die Schnitzel und die gezupfte Petersilie in heißem Butterschmalz ausbacken und auf Küchenpapier abtropfen lassen.
Den Salat mittig auf große Teller geben. Die mit Limonenspalten versehenen Schnitzel darauf anrichten und mit Kürbiskernöl und der gebackenen Petersilie garnieren.

VITELLO SALSICCE ALL' UCCELLETTO

Dieses einfache, aber unglaublich delikate Gericht wird in Italien klassischerweise mit Singvögeln (uccelletti) zubereitet. Daher die Namensgebung. Es schmeckt allerdings ebenso wundervoll, wenn man die Singvögel durch Kalbsfleischwürfel ersetzt.

- 400 g Salsicce (grobe italienische Wurst, meist mit Fenchel und Rotwein)
- 300 g Kalbsschulter
- 200 g Pancetta am Stück
- 8 Zweige Rosmarin
- 15 frische Salbeiblätter
- 2 EL Olivenöl
- 100 ml Weißwein
- 300 ml Kalbsfond
- etwas Salz
- Melange Blanc (weiße Pfeffermischung), alternativ weißer Pfeffer aus der Mühle

Die Würste, das Fleisch und den Speck jeweils in Würfel mit einer Kantenlänge von etwa drei Zentimetern schneiden. Die Nadeln der Rosmarinzweige, mit Ausnahme derer an der Spitze, abziehen. Abwechselnd jeweils ein Stück Wurst, Salbei, Kalbsfleisch und Pancetta auf die Rosmarinzweige fädeln und mit Salz würzen. Die Spieße in etwas Olivenöl, am besten in einem Bräter, von allen Seiten scharf anbraten.
Mit dem Weißwein und dem Kalbsfond ablöschen und bei milder Hitze einkochen lassen. Nach ca. 30 Minuten dürfte das Kalbfleisch weich sein. Sollte die Jus noch etwas zu dünn sein, kann sie mit eiskalter Butter gebunden werden. Mit Salz und Melange Blanc abschmecken.

Die Spieße auf einer Platte anrichten und mit der Jus übergießen.

Dazu passt am besten ein klassisches Risotto (siehe Seite 116) oder ein knackiger Blattsalat.

SAUCISSON (ORIG. GROBE LYONER) MIT SCHALOTTEN IN BEAUJOLAIS GEGART, DAZU KARTOFFELSTAMPF-NOCKEN, CRÈME FRAÎCHE UND RUCOLA

Kartoffelstampf siehe Seite 96

- 400 g Bananenschalotten, gepellt, in feine Streifen geschnitten
  30 g Butter
  2 Zehen Knoblauch
  3 Stängel Blattpetersilie
  2 Lorbeerblätter
  3 Zweige Estragon
  2 Zweige Thymian
  1 Flasche Beaujolais
  1 Lyoner, grob im Ganzen
  2 EL Crème fraîche
  ein paar Zweige Rucola

Die Schalotten in ein wenig Butter andünsten, bis sie glasig sind.
Die angedrückten Knoblauchzehen und die Kräuter kurz mitrösten und mit dem Wein ablöschen. Für ca. 30 Minuten köcheln lassen. Die Wurst dazugeben und für weitere 10 Minuten ziehen lassen.

Ein wenig Sud aus dem »Wursttopf« in einen kleinen Topf geben und ein wenig einkochen. Der Sud soll nicht gebunden werden und eher fondartig bleiben.

Kleine Nocken vom Kartoffelstampf in große Pastateller geben. Auf jede Nocke ein wenig Crème fraîche setzen. Die Wurst in nicht zu dünne Scheiben schneiden und als Fächer in die Nocken stecken, den Fond angießen und mit ein paar Rucolazweigen dekorieren.

SALSICCIA MIT STEINPILZEN VOM ROST, DAZU RISOTTO MIT WEISSER TRÜFFELBUTTER

- **Für die weiße Trüffelbutter:**

1 kleiner weißer frischer Trüffel von ca. 30 g
3 EL Butter

Am Vortag die Butter zusammen mit dem in Küchenpapier eingewickelten Trüffel in einer luftdichten Dose in den Kühlschrank legen. Die Butter kann so den Geschmack des Trüffels hervorragend annehmen.
Die Butter in einem kleinen Topf zerlassen und so lange erhitzen, bis sie braun geworden ist (Nussbutter). Aber Vorsicht, sie darf nicht verbrennen.

- **Für das Risotto:**

1 Markknochen
2 EL Butter
1 kleine Zwiebel, gepellt, fein gewürfelt
350 g Risotto Reis, zum Beispiel der Sorte Carnaroli
1 L Geflügelbrühe
2 EL Butter
75 g Parmesan, frisch gerieben
etwas Salz
Pfeffer aus der Mühle

Die Markknochen kurz in Eiswasser geben, dann das Mark herausdrücken, mit Küchenpapier abtupfen und fein würfeln. Die Butter mit den Markwürfeln in einem Topf aufschäumen lassen, die Zwiebel dazugeben und bei wenig Hitze glasig anschwitzen. Den Reis einstreuen und unter ständigem Rühren anbraten. Die Reiskörner sollen platzen, dürfen aber nicht braun werden. Einen kräftigen Schuss heiße Geflügelbrühe zugießen, dabei ständig weiterrühren. Sobald die Flüssigkeit verkocht ist, wieder Brühe aufgießen und bei niedriger Hitze weitergaren lassen. Diese Prozedur so oft wiederholen, bis der Reis gar, aber noch bissfest ist (ca. 20 Minuten). Das ständige Rühren ist bei dem Risotto sehr wichtig. So wird die Stärke aus den Reiskörnern gelöst und das Risotto bekommt seine cremige Konsistenz. Die restliche Butter und den geriebenen Parmesan unterrühren. Mit etwas Salz und Pfeffer abschmecken. Abgedeckt noch ca. 1–2 Minuten quellen lassen.

- **Für die Salsiccia mit Steinpilzen:**

4 Rosmarinzweige
8 Salsiccia à 60 g
4 mittelgroße Steinpilze (im Handel als »Champagnerkorken« bekannt)

Rosmarinzweige, bis auf die Spitze, von den Nadeln befreien und ca. 5 Minuten wässern. Die Steinpilze putzen und halbieren. Abwechselnd zwei Salsiccia und zwei halbe Steinpilze auf die Rosmarinzweige aufziehen. Auf einem Grill knusprig braun rösten.

Risotto mittig auf den Tellern plazieren. Den Spieß seitlich daran anrichten und mit der Trüffelnussbutter beträufeln. Den Trüffel kurz vor dem Servieren über das Gericht hobeln.

SALSICCIA AUS MONTALCINO MIT SALBEIBUTTER, PFEFFERLAUCH UND KARTOFFELN

▸ **Wurst und Kartoffeln:**
8 Salsiccia Würste, am besten paarweise à 160 Gramm
50 g Butter
12 Salbeiblätter
28 kleine Kartoffeln (Linda), gekocht, gepellt vom Vortag

Die Würste von beiden Seiten knusprig grillen, aber nicht durchgaren. In einer gusseisernen Pfanne Butter zerlassen und den Salbei hinzufügen. Die gekochten Kartoffeln dazugeben und goldbraun braten. Die Würste hinzugeben und noch ca. 5 Minuten zusammen ziehen lassen.

▸ **Für den Pfefferlauch:**
2 Stangen Lauch
50 g Butter
6 cl Noilly Prat
Fleur de Sel
etwas frischer Pfeffer aus der Mühle

Den geputzten Lauch leicht schräg in nicht zu dünne Scheiben schneiden, in Butter anschwitzen und salzen. Der Lauch soll keine Farbe nehmen. Mit dem Noilly Prat ablöschen und leicht einkochen lassen.
Den Lauch mithilfe eines flachen Anrichteringes mittig auf den Tellern anrichten. Die Kartoffeln auf den Lauch legen und den Ring abziehen. Die Kartoffeln mit der Salbeibutter übergießen und die Würste schräg anlegen.

Dieses Gericht ist auch wunderbar in der gusseisernen Pfanne zu servieren.

MIT WHISKEY FLAMBIERTE BISONBÜFFELWURST AUF ZWIEBELCONFIT MIT COUNTRY FRIES

- **Für das Zwiebelconfit:**
  50 g brauner Rohrzucker
  200 ml Portwein
  200 ml Rotwein, trocken
  4 Gemüsezwiebeln, gepellt und in feine Streifen geschnitten
  1 TL Piment d`Espelette (französischer Gourmet Chili)
  Salz
  50 g Butter

Den Zucker mit dem Portwein in einen Topf geben und solange einkochen, bis ein dicker Sirup entsteht. Auf diese Art ist die Herstellung eines Karamells sehr einfach und es verbrennt oder verklumpt nicht so leicht. Die Zwiebeln und den Rotwein dazugeben und mit Piment d`Espelette und Salz würzen. Auf kleiner Flamme einkochen lassen, bis ein Confit entsteht. Kurz vor dem Anrichten die eiskalte Butter dazugeben und unterheben.

- **Für die Country Fries:**
  700 g kleine Kartoffeln, zum Beispiel Sorte Linda
  2 L Rapsöl
  3 TL Salz
  1 TL Pimentón el angel

Die Kartoffeln nicht schälen, aber gründlich waschen und trockentupfen. Die Kartoffeln vierteln und in Rapsöl bei 160 °C ca. 10 Minuten vorfrittieren und abtropfen lassen. Die Kartoffeln kurz vor dem Anrichten nochmals 5 Minuten frittieren, bis sie schön goldbraun und knusprig sind. Das Salz und Piment de Angel vermischen und die Kartoffelecken damit würzen.

- 4 Bisonbüffelwürste
  2 TL Rapsöl
  2 cl Whiskey

Eine gusseiserne Pfanne mit dem Rapsöl erhitzen und die Bisonbüffelwürste knusprig braun braten. Den Wiskey angießen und sofort mit einem Feuerzeug am Rand der Pfanne entzünden. Die Würste darin vorsichtig wenden bis die Flamme erloschen ist.

Das Confit auf großen Tellern mithilfe eines Anrichteringes (hoher Metallring) geben. Den Ring abziehen. Die Wurst diagonal aufschneiden und gekreuzt gegen das Confit lehnen. Vier bis sechs der Country Fries übereinanderstapeln, sodass ein Türmchen entsteht. Dazu wird Ketchup gereicht (Rezept siehe Seite 86).

LAMMBRATWURST AUF SAUBOHNEN UND PFIFFERLINGEN MIT OLIVEN-KARTOFFELSTAMPF UND LAVENDELJUS

▸ 1 kg Saubohnen (alternativ Bohnenkerne aus der Tiefkühltruhe)

Die Saubohnen auslösen und 4 Minuten blanchieren. Danach die dünne Außenhaut der Bohnenkerne entfernen.

▸ **Für die Lavendeljus:**
500 ml Lammfond
3 Zweige Thymian
1 TL Lavendelblüten, getrocknet
40 g Butter, eisgekühlt

Den Lammfond mit dem Thymian und den Lavendelblüten auf die Hälfte einkochen, durchsieben und mit der Butter aufmixen.

▸ **Für die Pfifferlinge:**
2 EL Olivenöl (sehr hochwertiges Olivenöl, z. B. Dauro oder Aubocasso)
2 frische Knoblauchzehen
3 Zweige Thymian
3 Zweige Bohnenkraut
600 g Pfifferlinge, geputzt
4 cl Noilly Prat
Melange Noir (schwarze Pfeffermischung)
etwas Salz
(die blanchierten Saubohnen)

Die zerdrückten Knoblauchzehen in Öl braten, bis sie goldbraun sind. Den Knoblauch entfernen und die Saubohnen 4 Minuten in der heißen Pfanne ziehen lassen.
Die Kräuter zupfen, hacken und zusammen mit den Pfifferlingen zu den Bohnen geben. Einige Minuten scharf anbraten und mit Noilly Prat ablöschen. Mit Salz und Pfeffer würzen.

▸ **Für den Oliven-Kartoffelstampf:**
500 g Kartoffeln, mehligkochend, geschält
100 ml bestes Olivenöl
50 g schwarze Oliven ohne Stein, gehackt, zum Beispiel Kalamata Oliven
etwas Salz

Die Kartoffeln in reichlich Salzwasser gar kochen. Das Wasser abgießen, die Kartoffeln grob zerstampfen und mit dem erhitzten Olivenöl vermischen. Die Oliven unterheben.

Vorsichtig würzen, da die Oliven schon viel Salz mitbringen. Wir verwenden für dieses Gericht am liebsten ein eher grünes, »grasiges« Öl, sodass der Kartoffelstampf leicht grünlich und sehr aromatisch wird.

- 8 Lammbratwürste à 60 g, zum Beispiel vom Gänsehof aus Keitum/Sylt

Die Bratwürstchen knusprig braun grillen.

Etwas vom Kartoffelstampf auf die Teller geben. Den Saucenspiegel daneben anrichten und die Würste an den Kartoffelstampf drapieren. Das Saubohnen-Pfifferlingsgemüse auf den Saucenspiegel setzen.

KANINCHENBRATWURST MIT THYMIAN-VANILLE-JUS UND HUMMER-MÖHREN

▸ **Für die Thymian-Vanille-Jus:**
100 ml Weißwein
100 ml Noilly Prat
400 ml Kalbsfond
150 ml Sahne
Mark einer Tahiti Vanilleschote
1 Bund frischer Thymian
etwas Salz
Pfeffer aus der Mühle

Weißwein und Noilly Prat bis auf ein Viertel der ursprünglichen Menge einkochen. Mit Kalbsfond aufgießen und erneut auf die Hälfte reduzieren. Die Sahne hinzufügen und das Mark der Vanilleschote unterrühren. Solange köcheln lassen, bis sich eine sämige Konsistenz gebildet hat. Den gehackten Thymian untermischen und mit Salz und Pfeffer abschmecken.

▸ **Für die Möhren:**
1 Bund junge Karotten mit Grün
1 Flocke Butter
400 ml Hummer Fond (Glas aus dem Feinkostladen)
100 ml Sahne
20 g Butter, eisgekühlt
etwas Salz
Pfeffer aus der Mühle
1 Prise Zucker

Die Karotten waschen, schälen und in kleine Stücke schneiden. In der Butter anschwitzen und mit dem Hummerfond ablöschen. In ca. 5 Minuten gar kochen. Die Sahne mit den Karotten und dem Hummerfond in einen Küchenmixer geben und fein pürieren. Eiskalte Butter für die Bindung untermixen und mit Salz, Pfeffer und einer Prise Zucker abschmecken.

▸ 4 Kaninchenwürste à 100 g

Kaninchenwürstchen vorsichtig grillen, sie sind sehr hitzeempfindlich.

Die Jus als Spiegel auf die Teller geben, die Hummer-Möhrchen mithilfe von zwei Suppenlöffeln darauf anrichten und die diagonal geschnittenen Kaninchenwürstchen auf die Möhrchen legen.

KALBSBRATWURST »ZÜRICHER ART« MIT RÖSTI UND SCHALOTTEN-KALBSJUS

- **Für die Schalottenkalbsjus:**
  300 g Schalotten, gepellt
  500 ml Kalbsfond
  100 g Butter
  Melange Blanc (weiße Pfeffermischung)
  Meersalz

Die Schalotten in Streifen schneiden, in ein wenig Butter anschwitzen und mit dem Kalbsfond ablöschen. Etwa zur Hälfte einkochen. Reichlich eisgekühlte Butter in den Fond mixen, so kommt die Bindung zustande. Mit Salz und Pfeffer abschmecken.

- 4 Kalbsbratwürste à 100 g

Die Kalbsbratwürste goldbraun grillen. Zum Warmhalten in den Topf mit der Sauce geben.

- **Für die Rösti:**
  800 g festkochende Kartoffeln
  etwas Salz
  Pfeffer aus der Mühle
  80 g Butterschmalz

Die Kartoffeln schälen, grob raspeln und mit Salz und Pfeffer würzen. Das Butterschmalz in einer runden gusseisernen Pfanne erhitzen. Die geraspelten Kartoffeln dazugeben, leicht festdrücken und von beiden Seiten goldbraun und knusprig ausbacken.

Auf jeden Teller einen Rösti legen und die Wurst darauf anrichten. Mit der Schalottenjus angießen.

ENTENWÜRSTCHEN AUF KARAMELLISIERTEM ORANGEN-VANILLE-ROTKOHL UND KARTOFFELKLÖSSEN

► **Für den Orangen-Vanille-Rotkohl:**
2 Sternanis
3 Gewürznelken
2 Zimtstangen
1 kg Rotkohl
1 Vanilleschote
1 L Portwein
Abrieb einer Orange
Saft von 3 Orangen
2 Zwiebeln, gepellt, in Streifen geschnitten
3 EL Rohrzucker
50 g Gänseschmalz
8 EL Himbeeressig
1 EL schwarzes Johannisbeergelee
etwas Pfeilwurz, alternativ eine geriebene rohe Kartoffel

Die Gewürze in ein Gewürzsäckchen oder ein Tee-Ei geben. Den Rotkohl putzen, entstrunken und in feine Streifen schneiden. Den Rotkohl mit dem Gewürzsäckchen, der ausgekratzten Vanilleschote samt dem Mark, dem Portwein sowie dem Abrieb und Saft der Orangen in eine große Schüssel geben und über Nacht marinieren.

Am nächsten Tag die Zwiebeln mit dem Rohrzucker im Gänseschmalz karamellisieren und mit dem Essig ablöschen. Den marinierten Rotkohl samt Flüssigkeit und dem Johannisbeergelee dazugeben und verrühren. In einem geschlossenen Topf im Backofen bei 175 °C ca. 30 Minuten garen. Bei Bedarf die Flüssigkeit auf dem Herd einkochen und mit Pfeilwurz binden.

► **Für die Kartoffelklößchen:**
1 kg Kartoffeln, mehligkochend
etwas Salz
300 g Mehl
4 Eier
200 g Semmelbrösel
100 g Butter

Die Kartoffeln mit der Schale in reichlich gesalzenem Wasser ca. 30 Minuten gar kochen und kühl stellen. Am besten schon am Vortag vorbereiten.
Die Kartoffeln pellen und durch eine Kartoffelpresse geben. Mit etwas Salz, dem Mehl und den Eiern vermischen und zu einem glatten Teig kneten.

Auf einer bemehlten Arbeitsfläche mit angefeuchteten Händen etwa achtzig Gramm schwere Klöße formen und in siedendem Salzwasser gar ziehen lassen. Die Klöße müssen frei schwimmen können und dürfen nicht übereinanderliegen. Kommen die Klöße an die Wasseroberfläche, sind sie fertig. Nun werden sie in dem Semmelmehl gerollt und in der heißen Butter knusprig gebräunt.

- 16 Paar Entenwürstchen à 30 g

Die Entenbratwürstchen knusprig braun grillen.

Den Rotkohl auf den Teller geben. Den Kartoffelkloß auf dem Rotkohl anrichten. Die Würstchen so an den Kloß drapieren, dass eine »Krone« entsteht.

CHORIZO PAELLA

- 200 g weiße getrocknete Bohnen
  1 Schweinefuß
  1 Zwiebel, gepellt und fein gewürfelt
  150 g geräucherter Speck oder Schinkenschwarte vom Serrano Schinken
  1 Prise Salz

Die Bohnen über Nacht in kaltem Wasser einweichen. Die Bohnen abgießen und mit klarem Wasser abspülen, dann zusammen mit dem Schweinefuß, den Zwiebelwürfeln und dem Speck in leicht gesalzenes Wasser geben und 2 Stunden köcheln lassen. Den gegarten Schweinefuß herausnehmen, das Fleisch ablösen und in Würfel schneiden. Die Bohnen in ein Sieb geben, den Fond dabei auffangen und aufbewahren.

- 1 Zwiebel, gepellt und fein gewürfelt
  250 g Paella Reis, zum Beispiel der Sorte Arros Bomba
  etwas Olivenöl
  100 g Steckrübe, geschält und gewürfelt
  50 g grüne Bohnen, geputzt und geschnitten
  200 g frische (nicht gebrühte) Chorizo oder ersatzweise frische scharfe Salsiccia
  8 kleine Blutwürste von Marcus Benser oder original spanische Blutwürste (Morcilla)
  12 Safranfäden
  30 g Erbsen
  etwas Salz und Pfeffer aus der Mühle
  1 Prise Cayenne Pfeffer

Die Zwiebelwürfel und den Reis mit dem Olivenöl in einer großen Pfanne anschwitzen. Die Steckrübenwürfel, die weißen und grünen Bohnen hinzufügen und ca. 3 Minuten mitbraten. Hin und wieder mit dem Schweinefußfond ablöschen. Die Würste im Ganzen hinzufügen und bei starker Hitze mitkochen. Darauf achten, dass immer genug Flüssigkeit in der Pfanne ist, damit der Reis nicht anbrennt. Den Safran, die Erbsen und das Fleisch zum Reis geben und bei mittlerer Hitze etwa 20 Minuten köcheln lassen. Vor dem Anrichten nochmals mit Salz, Pfeffer aus der Mühle und etwas Cayenne Pfeffer abschmecken.
Die Paella in der Pfanne servieren.

WEISSWURST RAVIOLI MIT SÜSSER SENFJUS UND KREN

Ravioliteig (siehe Seite 184) oder alternativ Wan Tan Teig aus dem Laden für asiatische Lebensmittel

- 8 Weißwürste, ungebrüht vom Metzger
  3 Eigelbe
  2 EL Parmesanspäne
  1 Bund Blattpetersilie, fein gehackt
  30 g süßer Senf

Das Brät aus der Pelle lösen, mit zwei Eigelben, dem Parmesan und der Petersilie vermischen und in einen Spritzbeutel füllen.
Den Nudelteig mithilfe einer Nudelmaschine zu dünnen Lasagneplatten ausrollen und die Weißwurstfüllung in regelmäßigen Abständen auf den Teig spritzen. Je einen Tupfer des süßen Senfes auf die Weißwurstfüllung geben. Den Teig um die Weißwurst mit etwas Eigelb bestreichen und mit einer weiteren Teigplatte abdecken. Die Ravioli mithilfe eines Metallringes ausstechen. Die Ränder gut mit einer Gabel andrücken. Es darf keine Luft eingeschlossen werden, da die Ravioli sonst beim Kochen platzen.

Die Ravioli in kochendes Salzwasser geben und ziehen lassen, bis sie an der Oberfläche schwimmen. Danach kurz in Butter schwenken und auf Pastatellern anrichten.

- 250 ml Sahne
  70 g süßer Senf
  etwas Salz
  frischer Pfeffer aus der Mühle
  1 kleiner Keil Parmesan
  ½ Stange frischer Meerrettich

Die Sahne aufkochen, den Senf darin auflösen und leicht salzen und pfeffern. Hat die Sauce die gewünschte Konsistenz, wird sie über die Ravioli gegeben. Mit einer Küchenreibe Meerrettich und Parmesan grob über die Pasta hobeln und servieren.

PAPPARDELLE MIT SALSICCIA-KLÖSSCHEN UND ERBSEN (AUS DER LOMBARDEI)

- 400 g Salsiccia
  400 ml Crème fraîche
  100 g junge Erbsen (tiefgefroren)

Die Bratwurst für 5 Minuten in kaltes Wasser legen danach den Darm entfernen. Das Wurstbrät in grobe Stücke schneiden und zu kleinen Klößchen formen. Die Klößchen sanft anbraten, sie sollten keine Farbe nehmen.

Crème fraîche in die Pfanne geben und etwas einkochen lassen. Die Erbsen hinzufügen und ca. 5 Minuten weiterköcheln. Die Erbsen sollten dann gut sein.

- 500 g Pappardelle
  80 g Parmesan
  etwas Salz
  Pfeffer aus der Mühle

Die Pappardelle in reichlich Salzwasser bissfest kochen, abgießen, aber keinesfalls mit kaltem Wasser abschrecken (kein Italiener macht so etwas). Die Pasta sowie die Salsiccia-Klößchen in eine große Schüssel geben, mit der Sauce übergießen und unter kräftigem Durchmischen den Parmesan unterheben. Gegebenenfalls noch mit etwas Salz nachschmecken.

Die Pasta mithilfe einer Grillgabel auf tiefen Tellern anrichten, pfeffern und mit ein wenig gehobeltem Parmesan bestreuen.

BLUTWURSTRAVIOLI
MIT ÄPFELN UND STECKRÜBEN

▸ **Für die Blutwurstravioli:**
500 g Ravioliteig (siehe Seite 184) oder Wan Tan Teig aus dem Laden
für asiatische Lebensmittel
1 große Blutwurst, ca. 200 g, zum Beispiel von Marcus Benser
3 Eigelbe
1 TL Senfkörner
1 kleines Bund Thymian
20 g Butter

Das Brät aus der Pelle lösen, mit den Eigelben, den Senfkörnern und etwas frisch gehacktem Thymian vermischen und in einen Spritzbeutel füllen.
Den Nudelteig mithilfe einer Nudelmaschine zu dünnen Lasagneplatten ausrollen und die Blutwurstfüllung in regelmäßigen Abständen auf den Teig spritzen. Den Teig um die Blutwurst mit etwas Eigelb bestreichen und mit einer weiteren Teigplatte abdecken. Die Ravioli mit einem Nudelrad schneiden, oder mithilfe eines Metallringes ausstechen. Die Ränder gut andrücken. Es darf keine Luft eingeschlossen werden, da die Ravioli sonst beim Kochen platzen.

Die Ravioli in kochendes Salzwasser geben und ziehen lassen, bis sie an der Oberfläche schwimmen. Danach kurz in Butter schwenken und auf Pastatellern anrichten.

▸ **Für Äpfel und Steckrüben:**
2 Äpfel, geschält, in feine Spalten geschnitten
1 Steckrübe, geschält, in feine Spalten geschnitten
1 Knoblauchzehe, fein gewürfelt
40 g Butter
1 EL Rohrzucker
50 ml Portwein
100 ml Kalbsfond
40 g Butter, eisgekühlt
Melange Noir (schwarze Pfeffermischung)
etwas Meersalz

Die Äpfel mit den Steckrüben und dem Knoblauch in Butter anbraten, mit dem Rohrzucker karamellisieren und mit Portwein ablöschen. Den Wein einkochen und mit Kalbsfond auffüllen. Wiederum etwas einkochen und mit kalter Butter binden. Mit Melange Noir und Meersalz abschmecken.

Etwas von dem Gemüse auf den Ravioli anrichten und sofort servieren.

PIZZA »CALABRESE«

Vorab: Wer extreme Schärfe nicht gewohnt ist, sollte zwingend die King Chilis weglassen oder Chili Bird Eye verwenden (mittelscharf). Pikant bleibt die Pizza durch die Calabrese allemal. Zutaten für 2 Pizzen:

▸ **Für den Teig:**
10 g frische Hefe oder 1 Beutel Trockenhefe
100 ml lauwarmes Wasser
1 Prise Zucker
300 g Mehl
etwas Salz
Olivenöl

Die Hefe mit dem lauwarmen Wasser glattrühren und den Zucker dazugeben. So bekommt die Hefe Nahrung und beginnt zu arbeiten. Den Vorteig ca. 5 Minuten gehen lassen.
Danach das Mehl mit einer kräftigen Prise Salz mischen, zusammen mit dem Öl zu der Hefe geben und zu einem glatten Teig kneten. Er soll weich und glatt werden. Klebt er nicht mehr an den Fingern, ist er fertig. Bei Bedarf noch etwas Mehl hinzufügen. Den Teig ca. 1 Stunde, mit einem feuchten Tuch abgedeckt, an einem warmen Ort gehen lassen und wieder kräftig durchkneten. Teig in 2 Portionen teilen und jede Portion zu einem dünnen Teigfladen ausrollen, in ein gefettetes Pizzablech geben und wiederum ca. 30 Minuten feucht abgedeckt an einem warmen Ort gehen lassen.

▸ **Für das Tomatensugo:**
2 Zehen Knoblauch, gepellt, fein geschnitten
4 EL Olivenöl
600 g geschälte Tomaten aus der Dose
1 TL getrockneter Oregano
1 Prise Rohrzucker
1 Msp. King Chili
Salz

Den Knoblauch in Olivenöl goldbraun anschwitzen und mit den Tomaten aufgießen. Oregano, Zucker und Chili hinzufügen und solange einkochen, bis ein dickes Tomatensugo entsteht. Sugo mit Salz abschmecken.

▸ **Für den Belag:**
300 g Büffelmozzarella
50 g Parmesan
150 g dünn geschnittene Calabrese (ital. scharfe Salami)

Sugo auf der Pizza verteilen, mit ein wenig Öl beträufeln und für ca. 10 Minuten bei 220 °C in den Ofen geben. Den Mozzarella abtropfen lassen, in Stücke reißen und mit dem geriebenen Parmesan auf der Pizza verteilen. Wiederum 10 Minuten im Ofen backen. Danach die Calabrese auf der Pizza verteilen und sofort servieren oder al gusto nochmals kurz in den Ofen geben, wenn man die Calabrese lieber knusprig mag.

IN KRÄUTERN GERÄUCHERTER ROLLBRATEN VOM HOLZKOHLEGRILL

▶ **Für die Bratenfüllung (Hackmasse):**

10 entsteinte getrocknete Datteln (alternativ getrocknete Feigen oder Pflaumen)
½ Bund Oregano
½ Bund Thymian
½ Bund Salbei
½ Bund Rosmarin
4 Knoblauchzehen, frisch
4 Salsicce à 70 g
200 g Kalbshack
50 g Paniermehl vom Bäcker
etwas Salz
Pfeffer aus der Mühle

Die Datteln ca. 1 Stunde wässern, die Flüssigkeit entfernen und die Datteln mit dem Knoblauch grob hacken. Die Kräuter zupfen und ebenfalls kleinhacken.
Den Darm der Salsicce entfernen, das Brät mit einer Gabel zerdrücken und mit dem Hack vermischen. Die Semmelbrösel unterheben und alle Zutaten gut miteinander verkneten. Mit Salz und Pfeffer abschmecken.

▶ **Für den Rollbraten:**

1 große Scheibe Kalbsfleisch ca. 500 g
150 g Pancetta oder grünen Speck, in dünnen Scheiben
4 EL Parmesan
100 g geräucherter Schinken, in dünnen Scheiben
etwas Salz
Pfeffer aus der Mühle

Die Kalbsfleischscheibe mit einem Gefrierbeutel abdecken (dadurch reißt das Fleisch beim Plattieren nicht so leicht) und mit einem Plattiereisen sehr flach klopfen. Die Fleischscheibe sollte am Ende eine Stärke von ca. ½ Zentimeter haben. Das Kalbfleisch mit dem Speck belegen und mit der Hackmasse bestreichen. Danach mit dem Käse und dem Schinken belegen. Den Braten wie eine Roulade aufrollen und mit Küchengarn fixieren. Mit Salz und Pfeffer würzen.

▶ **Braten auf dem Grill räuchern:**

1 Holzkohlegrill mit Deckel
2 kg gute Holzkohle
jeweils 2 Bund Salbei, Thymian, Rosmarin und Lavendel ▶142

Den Grill anheizen und die Kohle gut durchglühen lassen. Da wir den Braten im Grill nicht garen, sondern nur räuchern möchten, werden die Kräuter direkt auf die fast verglühten Kohlen gelegt und mit dem Grillrost abgedeckt. Den Braten auf den Rost legen und den Deckel schließen. Sind die Kräuter vollständig verglüht, wird der Rollbraten aus dem Grill genommen.

▶ **Braten im Ofen garen:**

5 EL Olivenöl
1 große Zwiebel, gepellt, fein gewürfelt
1 Handvoll gezupfter Kräuter (Salbei, Rosmarin, Thymian, Oregano)
0,3 L Rotwein (Sizilianischer Rotwein, Chianti aus der Toskana oder Nebbiolo aus dem Piemont)
700 g geschälte Tomaten aus der Dose
etwas Salz
Pfeffer aus der Mühle

Das Olivenöl in einem großen Bräter erhitzen und die Zwiebeln darin anbraten. Die übrigen Kräuter hinzufügen mit dem Rotwein ablöschen und etwas einkochen. Die Tomaten hinzufügen und den Braten in den Tomaten-Rotwein-Fond legen. Nun für ca. 3 Stunden abgedeckt bei 120 °C im Ofen schmoren. Nach etwa 15 Minuten Ruhezeit den Braten aufschneiden.

Als Beilage schmeckt unser Kartoffelsalat mit Oregano oder der warme Kartoffelsalat mit roten Zwiebeln und Essig (siehe Kapitel Salate).

WURST CUISINE

BISONBRATWURST TAGLIATA AUF PINIENKERN-MAIS-SALAT MIT TOMATENJUS UND GEGRILLTER PAPRIKA

► **Für den Mais-Salat:**
4 Zucker-Maiskolben
20 g Butter
1 EL Rohrzucker
1 TL Salz
Piment d`Espelette (Chili-Sorte aus dem Baskenland)
50 g Pinienkerne, geröstet

Die Maiskolben mit der Butter, dem Rohrzucker und dem Salz würzen, in Aluminiumpapier einschlagen und bei 100 °C 45 Minuten im Backofen gar ziehen lassen. Den Mais vom Kolben schaben und mit Piment d`Espelette und Salz abschmecken. Die Pinienkerne hinzufügen.

► **Für die gegrillte Paprika:**
2 rote Paprika
etwas Rapsöl

Die Paprika halbieren, entkernen und mit Öl abreiben. Bei 250 °C in den Backofen geben und so lange grillen, bis sich die Haut dunkelbraun verfärbt. Die Paprika aus dem Ofen nehmen, etwas abkühlen lassen und häuten.

► **Für die Jus:**
400 ml Kalbsfond
Tomatenessig, zum Beispiel von der ital. Firma MUTTI
30 g Butter, eisgekühlt
etwas Salz
etwas Pfeffer aus der Mühle

Den Kalbsfond auf die Hälfte einkochen lassen. Die Butter mit einem Pürierstab in den Fond mixen und mit Tomatenessig, Salz und Pfeffer abschmecken.

► **Für den Limonenhonig:**
4 EL Orangenblütenhonig
Saft einer Limone
1 Prise Salz
etwas Melange Blanc (weiße Pfeffermischung)

Den Honig mit dem Saft der Limone vermischen, leicht salzen und mit der Melange Blanc würzen.

▸ **Für die Bisontagliata:**
4 Bisonbratwürste à 100 g
12 kleine Minzblätter

Die Bisonbratwürste knusprig braun braten und in längliche hauchdünne Scheibchen schneiden.

Den Mais auf Tellern anrichten und mit der Tomatenjus beträufeln. Die Paprikafilets wie Flügel seitlich am Mais anlegen, mit dem Limonenhonig bestreichen und mit den in feine Streifen geschnittenen Minzblättern dekorieren. Die »Wursttagliatelle« auf den Maissalat drapieren und sofort servieren.

WAGYU »KOBE STYLE« BRATWURST MIT BOHNEN UND TOMATEN

▸ **Für Bohnen und Tomaten:**
1 Zwiebel
2 Zehen frischer Knoblauch
2 TL Olivenöl
1 Karotte
1 Stange Staudensellerie
300 g Tomaten aus der Dose
4 Salsicce (mild) à 100 g
200 g Borlotti Bohnen (Wachtelbohne), (über Nacht eingeweicht)
etwas Salz
Melange Noir (schwarze Pfeffermischung)

Die Zwiebel und den Knoblauch pellen und fein würfeln. Beides in Olivenöl goldgelb anbraten. Die Karotte und den Sellerie schälen, in haselnussgroße Würfel schneiden und mit den Zwiebeln und dem Knoblauch 5 Minuten anschwitzen. Die Tomaten grob hacken und mit dem Saft dazugeben. Ca. 30 Minuten köcheln lassen.
Die Salsicce mehrfach mit einer Gabel einstechen und zu dem Gemüse geben. Die Bohnen aus dem Einweichwasser nehmen und mit klarem Wasser spülen. Die Bohnen zu dem Gemüse geben und bei mittlerer Hitze 90 Minuten köcheln lassen, bis die Bohnen weich sind.
Mit Salz und Melange Noir abschmecken. Die Salsicce aus dem Eintopf entfernen. Sie sind komplett ausgekocht und waren nur für den Geschmack des Gemüses wichtig.

▸ **Für die Bratwürste:**
4 Wagyu Beef Bratwürste à 120 g
Arganöl (Mandelstrauchöl aus Marokko)

Die Wagyu Würste knusprig braun grillen.

Den Eintopf in tiefe Teller geben und die Wagyuwürstchen aufgeschnitten auf den Bohnen anrichten. Mit ein paar Tropfen Arganöl beträufeln und servieren.

WAGYU »KOBE STYLE« BRATWURST MIT BALSAMICOREDUKTION, AUF PAK CHOI UND SESAM

- 50 ml Balsamico
  1 EL Rohrzucker

Den Balsamico und den Rohrzucker zu einem Sirup einkochen.

- 4 Pak Choi oder Babymangold
  2 EL Erdnussöl
  1 Zehe frischer Knoblauch
  etwas Fleur de Sel

Den Pak Choi waschen, halbieren und in Erdnussöl mit dem zerdrückten Knoblauch auf der Schnittstelle anbraten. Das Gemüse wenden, gar ziehen lassen und mit Salz würzen.

- 2 EL Sesam
  4 Wagyu Beef Würste à 100 g
  4 TL dunkles Sesamöl

Den Sesam in einer beschichteten Pfanne ohne Öl leicht anrösten.
Die Wagyu Beef Würste knusprig braun grillen.

Auf einem länglichen Teller den Pak Choi in Form eines länglichen Streifens anrichten und mit der Balsamico-Reduktion benetzen. Die Wurst diagonal aufschneiden und auf das Pak Choi Bett legen. Mit Sesamöl und dem gerösteten Sesam garnieren.

GARNELENWÜRSTCHEN MIT CHORIZOSCHAUM, PAPRIKAJUS UND SAFRANKARTOFFELN

- Garnelenwürstchen (siehe Grundrezepte Seite 180)

- **Für die Paprikajus:**
  8 rote Paprikaschoten
  etwas Meersalz

Die Paprika waschen, entkernen und durch einen Entsafter geben. Die Flüssigkeit auffangen und langsam auf die Hälfte einkochen. Die Paprikajus soll eine knallrote Farbe bekommen und nur noch leicht flüssig sein. Die Jus leicht salzen.

- **Für den Chorizoschaum:**
  50 g scharfe Chorizo
  5 EL Olivenöl
  200 ml Hummerfond (aus dem Feinkostladen)
  200 ml Sahne

Die Chorizo in dünne Scheiben schneiden und in Olivenöl anbraten. Mit dem Hummerfond und der Sahne ablöschen und auf die Hälfte einkochen. Den Fond durch ein feines Sieb geben, aufkochen und mithilfe eines Stabmixers einen feinen Schaum herstellen.

- **Für die Safrankartoffeln:**
  30 Safranfäden
  500 g Kartoffeln, geschält, geachtelt, zum Beispiel der Sorte Linda
  3 Schalotten, gepellt, in feine Streifen geschnitten
  2 EL Olivenöl
  3 Zweige Zitronenthymian
  4 frische Knoblauchzehen, angedrückt
  1 TL Niora
  etwas Maldon salt, alternativ Salzflocken

Den Safran in fünf Esslöffeln heißem Wasser 20 Minuten ziehen lassen.
Die Kartoffeln mit dem Safranwasser übergießen und 30 Minuten ziehen lassen.
Die Schalotten in Olivenöl anbraten, bis sie leicht braun werden. Thymian, Knoblauch und Niora hinzufügen und kurz mitbraten. Die Kartoffeln zu den Kräutern geben, und für ca. 30 Minuten bei 160 °C im Ofen garen, danach bei starker Oberhitze oder der Grillfunktion Ihres Ofens ein wenig bräunen. Mit Salz würzen.

Die Paprikajus auf die Teller verteilen. Die Kartoffelspalten darauf anrichten.
Den Chorizoschaum über die Kartoffelspalten laufen lassen. Jeweils ein Paar der Garnelenwürste daneben anrichten.

AMERICAN BEEF BRATWURSTSCHNECKE MIT GAMBAS CARABINIERA, ESTRAGONBUTTER UND AVOCADOCRÈME (SURF & TURF)

Unsere Version von »Surf und Turf« benötigt schlichtweg nur die besten Zutaten. Die Gambas Carabiniera ersetzen den traditionellen Hummer in diesem Gericht und schlagen ihn geschmacklich um Längen. Es ist ein einfacher Gang, aber eben ein leckerer Klassiker.

▸ **Für die Avocadocrème:**
1 Avocado, sehr reif
Saft einer halben Limone
1 Spritzer Tabasco
100 g Crème fraîche

Das Fruchtfleisch aus der Avocado lösen. Den Kern und die Schale entfernen. Das Fruchtfleisch mit einem Mixer pürieren. Crème fraîche unterheben und mit ein paar Spritzern Limonensaft, Salz und Tabasco würzen.

▸ **Für die Tramezzini:**
4 Scheiben Tramezzini (italienisches Weißbrot), alternativ Toastbrot verwenden
4 EL Olivenöl

Tramezzini in sehr schmale Rechtecke schneiden und in Olivenöl goldbraun rösten.

▸ **Für frittierten Estragon:**
1 Bund Estragon
500 ml Rapsöl

Den Estragon im heißen Rapsöl ausbacken und auf Küchenpapier abtropfen lassen.

▸ **Für die Bratwurstschnecke:**
400 g Bratwürste aus American Beef Fleisch

Die Bratwürste knusprig braun grillen und in längliche Scheiben schneiden.

▸ **Für Gambas und Estragonbutter:**
4 Gambas Carabiniera, roh, in der Schale (Tiefkühlware ist in Ordnung)
1 Lorbeerblatt
4 Pimentkörner
1 Prise Salz
250 g französische Butter
1 Bund Estragon
etwas Szechuan Pfeffer, aus einem Geschäft für asiatische Lebensmittel
Maldon salt, alternativ Salzflocken

Die Gambas mit dem Piment und dem Lorbeerblatt in etwas Butter anbraten und dann ziehen lassen.

Die Tramezzini auf eine schmale, längliche Schieferplatte legen und mit der Avocadocrème bestreichen. Die Wurst auf der Crème wieder zusammenlegen und die Gambas darüberlegen. Mit etwas Estragon-Butter beträufeln und mit frisch gestoßenem Pfeffer sowie Maldon salt würzen.

Den frittierten Estragon als kleines Nest auf dem Gamba arrangieren.

MÖPPKENBROT IM STRUDELTEIG MIT RÜBENKRAUT-JUS UND POCHIERTEM JUNGHENNENEI

Möppkenbrot ist ursprünglich eine westfälische Blutwurstspezialität und bedeutet übersetzt »Beutelwurst«. Sie wird klassischerweise mit Roggenschrot angereichert. Unsere Version beschränkt sich auf die Verwendung von westfälischem Schwarzbrot »Pumpernickel« und den originären Bestandteilen, ergänzt durch Foie Gras.

▸ 200 g Spitzkohl (für dieses Gericht nur die Herzen verwenden)

Den Spitzkohl in feinste Streifen schneiden und in Salzwasser blanchieren.

▸ **Für den Strudel:**
Pumpernickel in eckigen Scheiben
1 große rechteckige Scheibe Foie Gras (fette Enten- oder Gänseleber) 200 g (z. B. von »Bos Food«)
1 große rechteckige Blutwurstscheibe ca. 200 g, zum Beispiel von Marcus Benser
4 Scheiben Brickteig
1 Eiweiß
etwas Eigelb oder Kondensmilch zum Bestreichen

Pumpernickel, Foie Gras und die Blutwurstscheibe übereinanderlegen und auf dieselbe Größe bringen. Das Paket in vier Teile schneiden. Den Brickteig auslegen und mit etwas Spitzkohl belegen, darauf eines der Pumpernickel-Blutwurst-Pakete legen und mit etwas Spitzkohl krönen. Die Ränder des Brickteiges mit Eiweiß bestreichen und wie eine Art Frühlingsrolle über dem Paket verschließen. Mit der Nahtstelle nach unten in eine beschichtete Pfanne setzen, mit etwas Eigelb oder Kondensmilch bestreichen und bei 175 °C ca. 15 Minuten goldgelb backen.

▸ **Für die Rübenkrautjus:**
50 ml Noilly Prat
50 ml Rübenkraut
etwas Salz
4 EL geschlagene Sahne
ein paar Spritzer Alter Apfelessig, zum Beispiel vom Gölles

Den Noilly Prat aufkochen, mit dem Rübenkraut verrühren und salzen. Mit etwas Apfelessig abschmecken und die geschlagene Sahne vorsichtig unterheben.

▸ **Pochiertes Junghennenei:**
4 Junghennen Eier, sehr frisch (wichtig)
1 guten Schuss Essig
ein paar Salzflocken

Wasser mit dem Essig zum Sieden bringen (die Eier sollen frei schwimmen können). Ein Ei öffnen und in eine Kelle laufen lassen. Die Kelle ins heiße Wasser geben und das Ei langsam ins Wasser einlaufen lassen. Mithilfe von zwei Esslöffeln das Ei zusammenhalten. Das bedarf etwas Übung. Nach ca. 3 Minuten hat das Ei die richtige Konsistenz und kann vorsichtig mit einer Schaumkelle aus dem Essigwasser gehoben werden. Mit ein paar Salzflocken bestreuen.

Die Enden des Strudels entfernen. Den Strudel diagonal aufschneiden und dekorativ auf einem Teller anrichten, das pochierte Ei am Strudel anrichten und mit Jus umgießen.

BRATWURST VOM IBERICO SCHWEIN MIT ORANGEN-PESTO UND SAFRAN FUMÉ, DAZU SOBRASSADA-KARTOFFEL-TARTE UND FENCHEL-CURRY-ORANGENFILETS

▸ **Für das Pesto:**
1 Handvoll Estragon, Petersilie, Basilikum, gezupft
2 EL Pinienkerne, geröstet
8 EL Orangen-Olivenöl
1 Prise Zucker
etwas Salz

Alle Zutaten mit einem Pürierstab zu einem cremigen Pesto verarbeiten.

▸ **Für das Fumé:**
1 Schalotte, gepellt und fein gewürfelt
etwas Olivenöl
50 ml Noilly Prat
400 ml Kalbsfond
200 ml Sahne
12 Safranfäden
20 g Butter
Fleur de Sel

Die Schalotten in Olivenöl andünsten und mit Noilly Prat ablöschen. Danach mit dem Kalbsfond auffüllen, zur Hälfte einkochen und die Sahne hinzufügen. Die Safranfäden hinzugeben und den Fond nochmals um ein Drittel einkochen lassen. Die Butter mithilfe eines Pürierstabes einmixen und mit Fleur de Sel abschmecken.

▸ **Für die Orangenfilets:**
300 g Fenchelknollen
1 TL Fenchelsamen
3 TL Koriander-Körner
2 TL Jaipur Curry, zum Beispiel »Altes Gewürzamt«
4 vollreife süße Orangen

Die Fenchelknollen in einem Entsafter auspressen. Den gewonnenen Saft mit den frisch gemahlenen Fenchelsamen und Korianderkörnern mischen und den Curry hinzufügen. Die Orangen schälen und in Segmente schneiden. Den Gewürzsaft über die Orangenfilets geben und über Nacht marinieren lassen. ▸160

▸ **Für den Fenchel:**

200 g Fenchel
etwas Olivenöl
1 cl Angel D`Or
0,2 L Weißwein
0,2 L Orangensaft

Den Fenchel grob raspeln, in Olivenöl anschwitzen und mit Angel D'Or und Weißwein ablöschen. Den Orangensaft hinzufügen und im Backofen bei ca. 150 °C 15 Minuten zu Ende garen.

▸ **Für die Tarte:**

1 kg Kartoffeln, zum Beispiel Sorte La Ratte
100 g Butter
0,2 L heiße Milch
etwas Fleur de Sel
1 Scheibe Sobrassada Paprika Wurst vom Iberico Schwein
1 Bund Estragon zum Frittieren
500 ml Olivenöl
4 Griller vom Iberico Schwein à 120 g

Die Kartoffeln in reichlich Salzwasser gar kochen. Das Kochwasser komplett abgießen. In einem separaten Topf die Milch mit der Sobrassada und der Butter aufkochen und mit einem Pürierstab aufmixen. Die heiße Milch zu den Kartoffeln geben und zu einem festen Püree verarbeiten. Mit etwas Fleur de Sel abschmecken.
Den Estragon in heißem Olivenöl frittieren und auf Küchenpapier abtropfen lassen. Die Iberico Würste knusprig braun grillen.

Die Fumé mit dem Küchenstab aufmixen und als Spiegel auf den Teller geben. Darauf die gegrillten, aufgeschnittenen Iberico Bratwürste setzen und mit Pesto beträufeln. Einen Anrichtering (kleiner Metallring) auf den Teller legen und bis zur Hälfte mit dem Kartoffelpüree füllen. Mit dem gedünsteten Fenchel auffüllen und die marinierten Orangenfilets in Sonnenform darauf anrichten. Den frittierten Estragon leicht zusammengedrückt auf die Tarte setzen und den Ring nach oben abziehen.

CURRY QUEEN
CURRY-MANGO-EIS

DESSERTS

SALAME DOLCE – SÜSSE SALAMI

Dieses ist ein altes Piemonteser Rezept, welches ich von der Köchin einer kleinen Trattoria in Monforte De Alba bekommen habe. Es geht auf die Rezeptur aus dem 18. Jahrhundert zurück und wurde damals im Tierdarm konserviert.

- 200 g Valrhona Schokolade Zartbitter

Die Schokolade zerkleinern und im Wasserbad schmelzen lassen.

- 300 g Butter
  200 g Haselnusspaste (im Reformhaus erhältlich)
  200 g Haselnüsse, fein gehackt
  100 g Haselnusskekse, zerbröselt
  220 g Puderzucker
  1 Vanilleschote, ausgekratztes Mark
  40 g geriebene Orangenschale

Alle Zutaten nach und nach zu der flüssigen Schokolade geben und unterrühren. Den entstehenden Teig mit der Hand weiterkneten und zu einer Art »Salami« formen. In Frischhaltefolie eingewickelt und über Nacht kalt stellen.

Am nächsten Tag in etwa fingerdicke Scheiben schneiden und zu einer guten Tasse Kaffee reichen.

CURRY-APFEL MIT FLÜSSIGEM WEISSWEIN-CALVADOS-GELEE

▶ **Für die Äpfel:**
4 Äpfel, zum Beispiel Sorte Fuji
750 ml Muskatella Wein
2 TL Calvados
1 TL Curry Mumbai

Die Äpfel schälen, dabei die Stiele aber nicht entfernen.
Den Wein und den Calvados mit einer Tasse Wasser aufkochen. Den Curry mit den Äpfeln hinzugeben und 30 Minuten ziehen lassen. Gelegentlich vorsichtig umrühren. Die Äpfel im Fond ca. 3 Stunden auskühlen lassen. Die letzte halbe Stunde in den Kühlschrank stellen. Die Äpfel aus dem Sud nehmen.

▶ **Für das Gelee:**
250 g Puderzucker
Saft einer Limone
etwas Agar Agar (pflanzliches Geliermittel, im Reformhaus erhältlich)

Den Sud mit dem Puderzucker und dem Saft der Limone kurz vor dem Anrichten aufkochen, durch ein Sieb geben und mit Agar Agar binden. Die Jus sollte beim Anrichten lauwarm, aber geliert sein.

Das warme Gelee in einen Pastateller geben und den Apfel darauf anrichten.

CURRY CRÈME BRULÉE

- 4 Eigelbe
  80 g Zucker

Die Eigelbe und den Zucker mit einem Handrührgerät schaumig aufschlagen.

- 500 g Sahne
  1 TL Curry Mumbai, gestrichen
  1 Vanilleschote

Die Sahne mit dem Curry aufkochen und etwa 10 Minuten ziehen lassen. Die Mischung durch ein sehr feines Sieb geben, um die kleinen Currypartikel zu entfernen. Die Vanilleschote längs halbieren, das Mark mit dem Messerrücken herauskratzen und zu der Currymilch geben. Das Ganze erneut aufkochen und unter ständigem Rühren langsam in die Zucker-Eier-Masse gießen.

Die Masse in kleine Schälchen oder kleine Pastateller füllen. Diese dann in ein mit Wasser gefülltes Backblech setzen (die Förmchen sollten zu zwei Dritteln im Wasser stehen) und die Crème ca. 30 Minuten bei 120 °C Umluft im Ofen stocken lassen.

- 2 EL Rohrzucker

Die abgekühlte Crème mit Rohrzucker bestreuen und mit dem Bunsenbrenner karamellisieren.

Hervorragend passt eine Kugel bestes Vanilleeis dazu.

CURRY CALISSONS (FRANZ. MANDELGEBÄCK)

- 250 g Mandelkerne

Die Mandelkerne in kochendes Wasser geben, 5 Minuten ziehen lassen und dann über einem Sieb abgießen. Die Häutchen entfernen und die Mandelkerne in einer Küchenmaschine pürieren.

- 250 g Rohrzucker
  4 EL Curry Sirup (siehe Rezept Baba, Seite 174)
  20 runde oder ovale Oblaten, zum Beispiel vom Bäcker

Das so entstandene Mandelmehl mit dem Zucker und dem Sirup vermischen und in einem Topf unter ständigem Rühren erhitzen. Die Teigmasse gleichmäßig auf den Oblaten verteilen und mit angefeuchteten Fingern glattstreichen.

- 1 Eiweiß
  100 g Puderzucker

Das Eiweiß mit dem Zucker verrühren und einen Zuckerguss herstellen. Wenn der Zucker flüssig ist, den Guss auf die Calissons verteilen und ebenfalls glatt streichen. Das Mandelgebäck ca. 8 Minuten bei 200 °C backen.

CURRY APFEL CRÈME CARAMEL

- 100 g Rohrzucker
  100 ml trüber Apfelsaft, zum Beispiel aus dem alten Land

Den Rohrzucker und den Apfelsaft zu einem hellen Karamell einkochen.
Das Karamell in vier kleine Sturzförmchen füllen. Der Boden muss vollständig bedeckt sein (ca. 3 Millimeter hoch).

- 2 Eier
  1 Eigelb
  80 g heller Zucker
  ½ L Milch
  1 Schote Tahiti Vanille
  1 TL Curry Mumbai, gestrichen

Die Eier und das Eigelb mit dem Zucker schaumig aufschlagen.
Die Milch mit dem Curry aufkochen, kurz ziehen lassen und durch ein feines Sieb geben.
Die Vanilleschote längs halbieren, auskratzen und nur das Mark in die Milch geben.
Unter ständigem Rühren die heiße Vanille-Curry-Milch in das aufgeschlagene Ei gießen.
Die Milch-Ei-Masse in die Karamell-Förmchen füllen und in ein mit Wasser gefülltes Blech stellen. Die Förmchen sollten zu zwei Dritteln im Wasser eintauchen. Im Backofen wird die Crème bei 200 °C ca. 25–35 Minuten gegart. Die Crèmes sind fertig, wenn nach dem Hineinstechen und Herausziehen einer Messerklinge nichts mehr daran kleben bleibt. Die Förmchen abkühlen lassen und die Crème auf einen Teller stürzen.

BABA AL »CURRY«

- 250 g Mehl
  1 EL Rohrzucker
  20 g frische Hefe
  8 EL lauwarmes Wasser

Das Mehl mit dem Zucker mischen.
Die Hefe mit dem Wasser vermischen. Damit die Hefe »Nahrung« hat, etwas von dem Mehl hinzugeben, vermischen und etwa 20 Minuten ruhen lassen.

- 100 g weiche Butter
  1 Prise Meersalz
  Abrieb von 1 unbehandelten Orange
  5 Eier

Die Butter mithilfe einer Küchenmaschine oder eines Handrührgerätes schaumig schlagen. Salz, Abrieb und die Eier hinzugeben und gründlich verrühren. Das Zuckermehl und auch die aufgegangene Hefe dazugeben und nochmals sorgfältig verrühren. Der Teig ruht nun 1 Stunde und sollte in der Zeit um das Doppelte aufgehen.

- 4 klassische Mini-Napfkuchen-Formen
  1 Flocke Butter
  etwas Mehl

Die Formen mit der Butter ausstreichen und mit dem Mehl ausstäuben. Den Teig einfüllen und nochmals 15 Minuten an einem warmen Ort zugedeckt ruhen lassen. Die Kuchen danach bei 180 °C (Umluft 160 °C) ca. 45 Minuten backen.

- 250 g Zucker,
  1–2 TL Curry Mumbai, je nach Geschmack
  250 ml Myers Rum
  Saft von einer Orange

Den Zucker, den Curry und ½ Liter Wasser in einem Topf verrühren und einkochen, bis ein zähflüssiger Sirup entsteht. Den Rum und den Orangensaft hinzufügen und gut verrühren. Den Kuchen aus dem Ofen nehmen, an mehreren Stellen einstechen und sofort mit dem Currysirup tränken.

Wir essen den Kuchen am liebsten mit frischer Schlagsahne, welche wir mit Tahiti-Vanille-Zucker aufschlagen.

APRIKOSEN IN CURRYMILCH

- **Für die Currymilch:**
  250 ml Vollmilch
  40 g Rohrzucker
  100 g Pistazien, gemahlen
  1 TL Curry Mumbai
  2 TL Pfeilwurz oder Speisestärke

Die Milch mit Zucker aufkochen. Ein kleiner Tipp: Den Zucker in die Milch geben und nicht umrühren. So kann die Milch aufkochen, ohne dass sie anbrennt. Die Pistazien und das Curry dazugeben und umrühren. Die gewürzte Milch vom Herd nehmen, ca. 30 Minuten ziehen lassen und danach durch ein Sieb geben. Die Speisestärke mit lauwarmem Wasser glatt rühren und unter die Milch ziehen. Die Flüssigkeit erneut erhitzen und bei sehr schwacher Hitze einkochen, bis eine Crème entsteht.

- **Für die Aprikosen:**
  500 g frische Aprikosen
  50 g Butter
  10 g Rohrzucker

Die Aprikosen ca. 3 Minuten in kochendem Wasser blanchieren und dann im Eiswasser abschrecken. Danach die Aprikosen häuten, halbieren und die Kerne entfernen.
Die Butter in einer gusseisernen Pfanne zerlassen und den Rohrzucker darin karamellisieren, die Aprikosen hinzufügen und vorsichtig im Karamell wenden, bis sie weich sind.

Drei der karamellisierte Aprikosenhälften in einen Pastateller geben und die Currycrème seitlich von den Hälften laufen lassen.

GRUNDREZEPTE

GARNELENWURST

- 3 Meter Schweinedarm vom Metzger
  1 kg Black Tiger Garnelen
  50 ml Sahne
  3 Zweige Zitronenmelisse
  Mark einer Tahiti Vanilleschote
  1 Chilischote, Stiel entfernen
  Meersalz

Den Darm in lauwarmem Wasser spülen. Das Wasser mehrmals wechseln, da der Darm sehr stark gesalzen ist. Die Garnelen schälen, entdarmen, waschen und trocken tupfen. In der Küchenmaschine mit der Sahne, Zitronenmelisse, dem Mark der Vanilleschote und der Chilischote zu einem Brei verarbeiten. Die Farce mit etwas Salz abschmecken und eine kleine Menge in Form einer Frikadelle in der Pfanne braten. Schmeckt die Frikadelle, wird der Brei in einen Spritzsack gefüllt.
Den Darm über die Spitze der Tülle stülpen und die Farce mit leichtem Druck vorsichtig in den Darm füllen. Danach die Würstchen einzeln abdrehen, verschließen und in siedendem Wasser garen, bis sie sich fest anfühlen (die Küche füllt sich derweil mit einem atemberaubenden Duft von Schalentieren und Vanille!).

Garnelenwürstchen mit Chorizoschaum, Paprikajus
und Safrankartoffeln (siehe Seite 152)

ENTENWURST

Für ungefähr zwölf Portionen.

- 4 Meter gereinigter Schweinedarm vom Metzger oder Fleischgroßmarkt
  5 Entenkeulen ohne Knochen
  5 Entenbrüste ohne Knochen
  10 g Salz
  6 g Pökelsalz
  5 g weißer Pfeffer, gemahlen
  2 g Kardamom, gemahlen
  1 g Macisblüte, gemahlen (Muskatblüte)
  2 TL Majoran, getrocknet und gerebelt
  3 EL Rapsöl

Den Darm in warmen Wasser ca. 1 Stunde spülen, dabei das Wasser mehrfach wechseln, da der Darm sehr stark gesalzen ist.
Die Entenkeulen sowie die Brust mit der Haut in Stücke schneiden. Das Entenfleisch durch die mittlere Scheibe eines Fleischwolfs drehen. Das Hackfleisch sorgfältig mit den Gewürzen mischen.
Den Darm auf einen Wurstfüllaufsatz einer Küchenmaschine ziehen und das Entenbrät langsam und vorsichtig in den Darm füllen. Die Würste in der gewünschten Länge abdrehen. Oder ohne Darm wie Schlachter Hans Wagner es beschreibt: »Hack in einen Spritzbeutel geben und das Entenbrät spiralförmig auf ein mit Backpapier belegtes Blech spritzen. Mit etwas Öl beträufeln.«
Im vorgeheizten Backofen bei 200 °C (Umluft 180 °C) auf der untersten Schiene ca. 20–25 Minuten garen. Ohne Darm verkürzt sich die Garzeit um etwa 5 Minuten, sonst wird die Wurst zu trocken.

Entenwürstchen auf karamellisiertem Orangen-Vanille-Rotkohl
 und Kartoffelklößen (Seite 128)

RAVIOLITEIG

- 300 g Weizenmehl Type 405
  2 Eier
  4 Eigelbe
  1 Schuss Olivenöl
  etwas Salz

Das Mehl auf einer großen Fläche häufen. In die Mitte eine Mulde drücken. Eier, Eigelb, Salz und Olivenöl (für die Currywurst Ravioli bitte das Curryöl Anapurna verwenden) hineingeben. Alle Zutaten in der Mulde vermischen und langsam von innen nach außen zu einem Teig kneten. Sollten Sie Schwierigkeiten haben das Mehl in den Teig einzuarbeiten, fügen Sie ein wenig lauwarmes Wasser hinzu.

Nun den Teig mindestens 10 Minuten kneten. So bildet sich das wichtige Klebereiweiß aus dem Weizen. Den Teig zu einer glatten, nicht klebenden Kugel formen, in Klarsichtfolie einschlagen und für mindestens 3 Stunden im Kühlschrank entspannen lassen. Nach dem Ausrollen zieht sich der Teig dann nicht mehr so schnell zusammen und lässt sich besser verarbeiten.

LAMMFOND

- 2 kg Lammknochen, klein gehackt (vom Fleischer machen lassen)
  etwas Olivenöl
  1 Lauchstange
  1 kleine Sellerieknolle geschält
  2 Karotten
  1 Zwiebel
  0,2 L Noilly Prat
  1 EL Tomatenmark
  3 Knoblauchzehen
  6 Pimentkörner
  1 Lorbeerblatt
  2 Zweige Thymian
  1 Zweig Rosmarin
  1 Bund Bohnenkraut
  etwas Salz

Die Lammknochen in etwas Olivenöl scharf anbraten. Das Gemüse waschen und in Würfel schneiden. Die Knoblauchzehen andrücken und mit dem Gemüse zu den Knochen geben. Mit etwas Salz würzen. So löst sich der Geschmack besser aus dem Gemüse. Das Tomatenmark hinzugeben und anrösten. Mit dem Noilly Prat ablöschen und so lange einkochen, bis die Flüssigkeit fast ganz verdampft ist. Mit ca. 3 Litern Wasser auffüllen, Gewürze und Kräuter dazugeben und 3 Stunden köcheln lassen. Den Lammfond abschäumen, durch ein feines Sieb geben und nach Geschmack einkochen.

Füllt man den kochenden Fond in ein Weckglas und verschließt es sofort mit einem Schraubdeckel, hält er sich mehrere Wochen im Kühlschrank.

KALBSFOND

- 2 kg Kalbsknochen, klein gehackt (vom Fleischer machen lassen)
  etwas Olivenöl
  1 Lauchstange
  1 kleine Sellerieknolle, geschält
  2 Karotten
  1 Zwiebel
  1 EL Tomatenmark
  200 ml Portwein
  6 Pimentkörner
  1 Lorbeerblatt
  2 Zweige Thymian
  4 Salbeiblätter
  1 Zweig Rosmarin
  1 Bund Petersilie
  etwas Salz

Die Kalbsknochen in Olivenöl scharf anbraten. Das Gemüse waschen, in Würfel schneiden und zu den Knochen geben. Mit etwas Salz würzen, so löst sich der Geschmack besser aus dem Gemüse. Das Tomatenmark hinzugeben und anrösten. Mit dem Portwein ablöschen und so lange einkochen, bis die Flüssigkeit fast ganz verdampft ist. Mit ca. 3 Litern Wasser auffüllen, Gewürze und Kräuter dazugeben und 3 Stunden köcheln lassen. Den Kalbsfond abschäumen, durch ein feines Sieb geben und nach Geschmack einkochen.

Füllt man den kochenden Fond in ein Weckglas und verschließt es sofort mit einem Schraubdeckel, hält er mehrere Wochen im Kühlschrank.

PORTO

HARISSA

- 500 g frische rote Chilischoten
  10 TL Cumin, gemahlen
  2 TL schwarze Cuminsamen
  etwas Meersalz

Bei dieser Arbeit unbedingt Küchenhandschuhe tragen, um sich vor der Schärfe der Chilis zu schützen. Die beiden Enden der Chilis abschneiden und die Schoten längs halbieren. Die Kerne entfernen und das Fruchtfleisch kleinhacken. Salz, Cumin, die Cuminsamen und die Chilis im Mörser oder in der Küchenmaschine zu einer Paste verarbeiten.

- 200 g rote Paprikaschoten

Die Paprikaschoten halbieren, entkernen und eingeölt auf ein Backblech legen. Bei ca. 220 °C im Backofen grillen, bis die Haut sich dunkelbraun bis schwarz verfärbt und das Fruchtfleisch schön weich und süß geworden ist. Danach die Paprikahälften häuten.

- 10 frische Knoblauchzehen
  5 TL Tomatenmark
  3 TL guter Rotweinessig, zum Beispiel aus Frankreich
  9 TL kalt gepresstes Olivenöl (extra vergine)
  5 TL geräuchertes Paprikapulver

Die abgezogenen Paprikaschoten mit der Paste, dem Knoblauch, dem Tomatenmark und dem Essig in der Küchenmaschine zu einer glatten Masse verarbeiten. Dann das Öl hinzufügen. Erst danach das Paprikapulver hinzufügen und einarbeiten. Gegebenenfalls noch mit etwas Salz abschmecken.

Die Paste in geeignete Weckgläser füllen und eine dünne Schicht Öl als Aromenverschluss und »Konservierungsmittel« auffüllen. Die Gläser gut verschließen. Die Paste hält mehrere Wochen.

CURRYÖL

- 0,75 L neutrales Pflanzenöl, zum Beispiel Raps- oder Sonnenblumenöl
  2 EL Curry Anapurna (Ingo Holland)
  1 Bund Currykraut

Curryöl ist ganz leicht selbst herzustellen. Das Öl mit dem Currypulver und den Kräutern in ein hohes Gefäß geben, abdecken und ziehen lassen. Dabei nicht in den Kühlschrank stellen. Nach ca. 3 Tagen durchsieben und in verschließbare Flaschen abfüllen.

Das Öl hält sich mehrere Wochen.

CURRYESSIG

- 0,75 L weißer Balsamico, alternativ Weißweinessig
  2 EL Jaipur Curry
  1 Bund Currykraut

Den Essig mit dem Currypulver und den Kräutern in ein hohes Gefäß geben und gut abgedeckt ziehen lassen. Dabei nicht in den Kühlschrank stellen. Nach ca. 3 Tagen durchsieben und in verschließbare Flaschen füllen.

Der Essig hält sich mehrere Wochen.

CURRY QUEEN
CURRY QUEEN
FINEST CURRYWURST

WEIN UND WURST

WEIN UND WURST von Hendrik Thoma

Auch beim Weintrinken geht es im wahrsten Sinne um die Wurst. Denn die Zeiten ändern sich und damit das Verständnis von dem, was gutes Essen und Trinken ausmacht. Ein Wandel, der längst überfällig war. Vielen Menschen ist inzwischen bewusst geworden, dass sie kein feudales Sechs-Gänge-Menü im Sternerestaurant mehr genießen müssen, um im Gourmethimmel zu schwelgen. Es geht auch anders. Die Gourmets und Weintrinker in aller Welt haben sich auf einem Erkenntnisnenner vereint, der dem »Back to the roots-Prinzip« folgt: Das Produkt und seine Ursprungsqualität müssen stimmen. Qualität, Handwerk und Authentizität sind gefragter denn je. Die maximale Reduktion auf das Wesentliche ist eine Kunst, aber machbar, wenn man das Prinzip verstanden hat. Gute Gerichte können nur aus hochwertigen Zutaten entstehen. Das gilt von der Wurstbude bis zum Gourmetrestaurant. Nur Snobs und Wichtigtuern ist daran gelegen, mit Chi Chi und kulinarischer Kosmetik über Substanzlosigkeit hinwegzutäuschen. Das Curry Queen Team braucht hier nicht weiterzulesen, weil sie das längst leben und zu ihrem Erfolgsgeheimnis gemacht haben!

Bevor man also das adäquate Getränk zur Wurst sucht, muss man erstmal eine anständige Wurst finden! Denn leider mangelt es fast immer an Qualität. Ihr Innenleben besteht meist aus einem zu hohen Anteil Fett, die identitätsstiftende Sauce, welche dieses Wurstgericht erst zu dem macht, was es ist, wirkt zu oft zu angedickt, pampig und plörrig. Der Curry (eines meiner Lieblingsgewürze) ist ein Aromaschatten seiner selbst im Gegensatz zu der traditionell pikanten, gelben Gewürzmischung. In derartigen Fällen wird das Ess-Erlebnis zur reinen Kalorienzufuhr degradiert. Das dominierende Gefühl ist nicht die Erweiterung des Geschmackhorizonts, sondern Papp-Sattheit. Die gute Nachricht ist: So muss es nicht sein. Eine Wurst kann eine köstliche Angelegenheit sein, wie das folgende Beispiel belegt.

Gerne denke ich an einen feuchtfröhlichen Abend auf Kapstadts Amüsiermeile, der Longstreet, zurück. Die mitternächtliche Burenwurst (Boerewors) war urig über Holzkohle gegrillt, hatte eine perfekte, pikante Würze und die dazu angebratenen Zwiebeln rundeten das Gericht mit ihrer erdigen Süße ab. Dazu tranken wir einen leicht gekühlten Pinotage aus Stellenbosch. Ich kenne viele bessere und berühmtere Weine, doch dieser Tropfen passte wie die ‚Faust auf's Auge'. Es war eine herrliche, unvergessene Kombination, die ich bis heute auf meiner Festplatte gespeichert habe. Natürlich machten auch das Ambiente, Tages- bzw. Nachtzeit und Gesellschaft diese Situation einzigartig. Normalerweise ist diese rote Rebsorte für ihren rustikalen, oft sehr ruppigen Geschmack gefürchtet. Sie gilt als sehr einfach (ist meist auch günstig im Verhältnis zu anderen Rebsorten) und trifft auch nicht den allgemeinen Geschmack. Aber am Kap ist Pinotage der klassische Wein zu einem Braai, einem ausgedehnten

Barbecue, den die Südafrikaner so lieben. Die markanten Gerbstoffe des Pinotage und sein rauchig-kräuteriges Bukett korrespondieren harmonisch zu Gegrilltem. Denn Fett und die Röststoffe, die durch das Grillen frei werden, brauchen einen charaktervollen Sparringspartner, den sie mit dieser Rebsorte bekommen.

Es gibt eine »kulinarische Dreifaltigkeit«, die garantiert, dass etwas den Gaumen betört: Das, was auf dem Teller liegt, das, was im Glas ist und die Kombination dessen müssen ehrlich sein. Ein weitverbreiteter Irrtum ist, dass man mit einem Wein jedem Gericht etwas Gutes tut. Das Gegenteil ist der Fall: Eine Menge Gerichte und ihre Verkoster sind mit einem Bier oder einem anderen Getränk wesentlich besser bedient. Für das »Corpus Delicti« dieses Buches, die gemeine, kultige Currywurst gilt das auch. Nicht, dass Wein zu diesem ‚deutschen Nationalgericht' grundsätzlich nicht passt. Aber Wurst und Gerstensaft sind eine verdammt ehrliche Angelegenheit!

Um meine Ausführungen nun endlich anwenderfreundlich zu konkretisieren, folgen meine Ratschläge für ein schmackhaftes Miteinander von Wein und Wurst.

FETTGEHALT

Fett ist, genauso wie Alkohol, Geschmacksträger. Daran stört sich wahrscheinlich jeder Zweite von uns, ist aber eine unverzichtbare Voraussetzung für Essen mit Geschmack. Grundregel ist: Je höher der Fettgehalt der Wurst, desto gerbstoffbetonter sollte der Wein sein. Gerbstoffe erkennt man an dem herben, mundaustrocknenden Gefühl auf der Zunge, das vom Tannin stammt. Dieses entsteht beim Auslaugen der Traubenhaut während der Rotweinvergärung. Die Gerbstoffe bzw. Tannine leisten wiederum einen wichtigen Beitrag, um das Fett zu binden bzw. es besser verdaulich zu machen. Interessanterweise werden die Gerbstoffe im Zusammenspiel mit Fett auch weicher. Je älter und reifer die Weine sind, umso mehr baut sich der Gerbstoff ab. Von daher rate ich dazu, zum Grillen einen jungen und kraftvollen Rotwein zu reichen.

HOLZKOHLENGRILL ODER GASGRILL?

Eine nicht zu unterschätzende Frage. Gerade das Grillen über Holzkohle verleiht dem Gargut das wunderbare Röstaroma. Je mehr davon vorhanden ist bzw. je stärker gegrillt wurde, desto mehr darf von diesem markanten Duft auch im Wein sein. Wein bekommt sein rauchiges Bukett in erster Linie durch den Ausbau in kleinen Eichenholzfässern, den sogenannten Barriques. Diese sind über Feuer auf ihrer Innenseite ausgebrannt worden. Je kräftiger und länger gekohlt wurde, umso stärker ist der Einfluss auf den Wein. Vor allen Dingen bei jungen Weinen schmeckt und riecht man das sofort. In der Nase hat man dann den prägnanten Duft von Zedernholz, Kakao und Gewürzen. Im Geschmack regiert Espresso und Schokolade. Der Gasgrill hinterlässt etwas neutralere geschmackliche Spuren im Fleisch. Dementsprechend weniger ›geholzt‹ können die Weine sein.

GEWÜRZE

Eine zentrale Bedeutung für schmackhaftes Grillen haben die Gewürze. Sie sind das Pendant zum Salz in der Suppe. Je schärfer gewürzt wird, desto schwieriger wird es für den Wein, im Zusammenspiel mit diesen zu überleben. Andererseits verleihen die Gewürze den aromatischen Kick. Daher ist die Dosierung entscheidend. Zu beachten ist, dass Weine mit hohem Alkoholgehalt (der Rachen brennt dann noch mehr) und kräftigen Tanninen (der Wein wird bitter) nicht die idealen Tropfen sind. Zu fruchtig aromatischen Currygewürzen eignen sich kraftvolle Weißweine, wie z. B. ein modern ausgebauter Chardonnay (oder sogar Riesling und ein Viognier) besser als Rotwein. Habanero Chilis machen alles platt und der brennende Rachen lässt sich dann auch besser mit einem Bier löschen.

FLEISCHSORTE

Eine wichtige Rolle spielt die Konsistenz des Grillfleisches. Ist das Brät fein oder körnig? Eine saftige Kalbsbratwurst hat einen wesentlich filigraneren Geschmack, als z. B. eine kräftig gewürzte Lammbratwurst. Zur Ersteren lässt sich ohne Weiteres ein voluminöser, am Gaumen cremig anfühlender Chardonnay trinken. Der hätte es wiederum schwer mit den kraftvollen eigenwilligen Aromen der Lammbratwurst. Zu dieser schenkt man besser einen wildwürzigen Rotwein, z. B. Zinfandel ein.

SAUCE

Die Sauce sollte die Weinauswahl entscheidend beeinflussen. Die Basis der meisten Grillsaucen, wie auch der Currywurstsauce, besteht aus Tomaten und hat eine fruchtige, hohe Säure. Wenn der Wein selbst viel Säure hat, muss man in Kauf nehmen, dass der Wein metallisch bzw. bitter schmecken kann, da sich diese Komponente addiert. Nehmen Sie einen Wein, der nicht zu frisch und resch (knackig) ist! Hier wäre ein Wein, z. B. ein Shiraz aus einem warmen Klima, dessen Trauben völlig ausgereift sind, die erste Wahl. Um das geschmackliche Überleben eines Weines im Zusammenspiel mit einer kräftigen Barbecuesauce garantieren zu können, muss ein ebenso charaktervoller Tropfen gefunden werden.

DIE ZEHN BESTEN ROTWEINSORTEN ZU EINER WURST

- Primitivo Apulien oder Zinfandel Kalifornien (Synonym)
- Salice Salentino, Apulien
- Pinotage, Südafrika
- Barbera, Piemont
- Shiraz, Australien oder Syrah, Languedoc-Roussillon
- Dornfelder, Pfalz
- Tinto Pais (Tempranillo), Toro oder Ribera del Duero
- Tannat, Südwestfrankreich
- Malbec, Argentinien
- Xynamavro, Griechenland

Genauso wie Rotweine haben Weißweine ihre klassische Berechtigung, um zur Wurst zu glänzen. Auch hier spielt Zubereitung und Fleischqualität eine große Rolle. Leichte Weißweine haben es tendenziell schwer, gegen die fettreichen Würste zu bestehen. Dafür können sie mit ihrer frischen Säure ein köstliches Pendant bilden. Einige, besonders schwere ausdrucksstarke Weißweine, fühlen sich am Gaumen sowieso schon fast wie ein Rotwein an. Gerade, wenn sie im Eichenholzfass gereift sind. Sie bieten genügend Substanz, um mitzuhalten.

HIER EINE TOP TEN MEINER LIEBSTEN WEISSWEINE ZUR WURST

- Viognier im Holzfass ausgebaut
- Grauburgunder Grand Cru aus dem Elsass
- Riesling, Spätlese, trocken aus der Pfalz
- Meursault aus dem Burgund
- Chardonnay holzfassgereift aus Neuseeland
- Fumé Blanc, Napa Valley, Kalifornien
- Grüner Veltliner, Smaragd, trocken, Wachau
- Chenin Blanc, Südafrika
- Silvaner aus Rheinhessen oder Franken
- Semillon, Hunter Valley, Australien

Hendrik Thoma, geboren 1967, ist einer von drei Master Sommeliers in Deutschland und gehört somit zur Spitze der internationalen Weinexperten. Einblicke in seine beachtenswerten Kenntnisse gibt er sowohl in der Fachliteratur als auch in Interviews und in seiner Web-Show www.tvino.de. Während seiner Zeit als Chef-Sommelier im Hamburger Hotel Louis C. Jacob wurde er dreimal Sommelier des Jahres in unterschiedlichen Gastronomieguides. Auch die Weinkarte wurde 2005 vom Gault Millau mit der Auszeichnung »Weinkarte des Jahres« bedacht. | www.hendrikthoma.de

WAS IST EIGENTLICH GUTES FLEISCH? von Wolfgang Otto

Gutes Fleisch muss schmecken! – Was so einfach klingt, fächert sich bei genauer Betrachtung in viele Teilbereiche auf. Gutes Fleisch muss zunächst die Sinne durch Zartheit, Saftigkeit, Geschmack und Geruch ansprechen. Auch die Optik spielt eine große Rolle, allerdings kann dies nur der beurteilen, der das Fleisch auch im rohen Zustand sieht. Ist es erst einmal zubereitet, ist von der ursprünglichen Konsistenz und Farbe nichts mehr zu erkennen. Anhand der sensorischen Wahrnehmung sind wir in der Lage zu beurteilen, ob das Fleisch als Nahrungsmittel gut für uns ist oder nicht. Verdorbenes Fleisch würden wir am Aussehen, am Geruch und spätestens am Geschmack erkennen. Das ist einfach. Neben der Sensorik spielt aber auch der Verstand, oder man könnte auch sagen, das Gewissen eine Rolle beim Fleischgenuss. Im Bürokratendeutsch heißt es meist »Rückverfolgbarkeit«, letztendlich geht es aber um die Geschichte des Tieres. Denn ob ein Tier Futterzusätze bekommen hat, die wir nicht zu uns nehmen wollen (zum Beispiel Antibiotika), oder ob ein Tier, dessen natürliches Futter nur aus Pflanzen besteht, zum Fleischfresser umfunktioniert wird, weil man ihm die Reste von geschlachteten Tieren ins Futter mischt, können wir am Fleischstück selbst nicht erkennen. Hier kommt das Wissen um die Geschichte des Tiers hinzu, das Wissen über den Züchter, woher es stammt und ob es artgerecht gehalten wurde.

FÜNF KRITERIEN FÜR GUTES FLEISCH

Letztendlich sind es fünf Faktoren, die die Fleischqualität beeinflussen – unabhängig davon, ob es sich um Rind, Schwein oder Geflügel handelt: Genetik, Fütterung, Schlachtalter, Reifung und die Herkunftsgeschichte, also der Faktor Züchter oder Metzger.

GENETIK

Die Genetik der Fleischrasse ist die Basis, die wichtigste Voraussetzung. Sie bestimmt, ob und wie das Fleisch eines Tieres zum Verzehr geeignet ist. So unterscheidet man bei Rindern zum Beispiel in Fleisch- und Milchrassen. Dass bei einer für die Milchproduktion gezüchteten Rasse andere genetische Kriterien favorisiert werden, als bei Rindern, die zum Fleischverzehr gezüchtet sind, liegt auf der Hand. Die Genetik bestimmt unter anderem den Anteil und die Größe der Muskeln sowie die Marmorierung. Als Marmorierung bezeichnet man kleine Fettäderchen, die den Muskel je nach Marmorierungsgrad mehr oder weniger intensiv durchziehen. Der Marmorierungsgrad spielt gerade bei Rindern und Schweinen eine große Rolle, wenn es um Geschmack und Saftigkeit geht. Bei Bisons bestimmt die Genetik, wie ursprünglich dieses Wildtier noch ist, bei Geflügel und Lämmern werden die Erbanlagen für Fleischanteil und Wachstum übertragen.

FUTTER

Ebenso wichtig wie die Gene ist das Futter der Tiere. Generell gilt bei der Fütterung: Input gleich Output, also das, was das Tier frisst, schmecken wir nachher im Fleisch heraus. Über Geschmack lässt sich bekanntlich streiten. Auf jeden Fall sollte aber auf eine natürliche und artgerechte Fütterung geachtet werden. Dazu gehört auch, dass die Tiere selbst entscheiden können, was und wann sie fressen. Das iberische Schwein ist ein spannendes Beispiel für die Verbindung Genetik und Futter. Das Eichelfutter der Schweine (das sie sich in den Dehesas, den Wäldern Zentralspaniens selbst suchen) ergibt verbunden mit dem intramuskulären Fett einen nussigen Fleischgeschmack. Das Fleisch eines Alpenrindes, das sich von Berggras und Wiesenkräutern ernährt, schmeckt anders als das Fleisch eines Rindes, das irisches Weidegras frisst.

SCHLACHTALTER

Bei jedem Tier ist das Schlachtalter von Bedeutung. Für den Züchter aus wirtschaftlichem Aspekt, für den Gourmet aus geschmacklicher Hinsicht. Leider sind bei den meisten Tierarten die Interessen von Züchter und Gourmet in Bezug auf das Schlachtalter gegenläufig. Während der kommerzielle Standardzüchter versucht, möglichst früh das Tier durch Schlachtung in Geld zu verwandeln, wissen Fleischliebhaber, dass Tiere, die zu jung geschlachtet werden, nicht das Geschmackserlebnis bieten können, wie Tiere, die ausgewachsen und älter sind. Rinder und Schweine sollten zum Beispiel mindestens zwei Jahre, besser sogar noch älter werden, damit sich eine hohe Fettmarmorierung im Muskel bilden kann. Neben der Genetik hat nämlich auch die Art und Dauer der Bewegung Einfluss auf die Marmorierung.

REIFUNG

Ist das Tier einmal geschlachtet, muss man darauf achten, dass das Fleisch während der Lagerung optimal reift. Während des Reifeprozesses brechen die Enzyme die Eiweißstruktur des Fleisches auf, es wird zart. Am wichtigsten ist es bei Rind- und Bisonfleisch, was bei 30 Tagen Lagerung seinen höchsten Zartheitsgrad erreicht. Eine Lagerung über den genannten Zeitraum hinaus macht das Fleisch nicht zarter. Neben dem Einfluss auf die Fleischkonsistenz hat die Art der Lagerung auch Einfluss auf den Geschmack. Viele amerikanische Steakhäuser verfügen über eigene Reifekammern, in denen das Fleisch nach der sogenannten »dry-aging« Methode gelagert wird, sprich, es reift am Knochen hängend an der Luft. Auch wenn es sich anders anhört – hier findet kein Fäulnisprozess statt! Vielmehr reift das Fleisch unter kontrolliert optimalen Bedingungen von Temperatur und Luftfeuchtigkeit wie ein guter Käse. Der Schimmel gibt Geschmack ab, das äußere luftgetrocknete

Fleisch wird vor dem Verzehr abgeschnitten. In Deutschland ist das am Knochen gereifte Fleisch etwas für Liebhaber, denn es gewinnt zwar von Woche zu Woche mehr an Geschmack, entwickelt sich durch den im Reifeprozess üblichen Wasserverlust von der Struktur her aber eher in Richtung Schinken. Für den, bei dem Geschmack an erster Stelle steht, ist es der Himmel auf Erden, für den Filetesser, für den Zartheit über alles geht, stellt dry-aged Fleisch in der Regel eine Herausforderung dar.

GESCHICHTE

Sie bildet die Klammer um all die Qualitätsmerkmale um gutes Fleisch. Die Geschichte beinhaltet die Züchter oder Metzger, also die Menschen, die ihr Herzblut in das Wohlergehen ihrer Tiere legen. Angetrieben von dem Wunsch, höchste Qualität zu erzielen, gibt es weltweit nur wenige Züchter, die dieses Ziel konsequent verfolgen. Der Weg dahin ist lang und teuer. Wirtschaftlicher Erfolg ist nur wenigen beschert. Wer diesen Weg einschlägt, sollte es als Leidenschaft mit dem Lohn der Anerkennung der Genießer sehen. Wenn dann auch noch der wirtschaftliche Erfolg eintritt, ist es perfekt – perfekt, wie das Fleisch, auf das wir uns freuen.

BESONDERE FLEISCHSORTEN

AMERICAN BEEF

Amerika ist das Steakland schlechthin. Für viele, die es selbst in den USA erlebt haben, gibt es nirgendwo eine höhere Fleischkultur und besser Fleischqualitäten.
American Beef steht für die hervorragende Qualität der US Züchter. Die vorherrschenden Rinderrassen Angus und Hereford verbunden mit dem Know-how der Rancher begründen den Weltruf dieses hervorragenden Fleisches.
Neben der jahrzehntelangen intensiven Züchtungsbemühungen ist die Qualität des American Beef durch ausgefeilte Fütterungsprogramme zu erklären. Nirgendwo auf der Welt wird so viel Geld in die Fütterung gesteckt wie in den USA. Die Mischung aus natürlichen Fütterungsmitteln, bestehend aus Mais, Alfalfa, Gerste, Gras und Mineralien gibt dem Fleisch den typischen Geschmack, den Carnivoren schätzen und lieben.

WAGYU KOBE STYLE BEEF

»Wagyu Kobe Style Beef« – Unter Spitzenköchen wie Feinschmeckern steht dieser Begriff für Luxus, den man gerne in Europas Top-Gastronomie genießt. Genau genommen ist die Rasse der Wagyu-Rinder gemeint. Die schwarzen Rinder wurden in Japan über Jahrhunderte in kleinen Herden ohne Kreuzung untereinander gehalten. Kobe ist eine dieser japanischen Regionen. Dort erfreut sich das Tier sogar einer Art lebenslan-

ger Wellness-Kur, wird massiert und mit Bier und Sake gefüttert. Mittlerweile haben jedoch Studien gezeigt, dass allein die Rasse und ausgefeilte Fütterungsprogramme für die hervorragende Fleischqualität verantwortlich sind.
Das Einzigartige des Wagyu-Fleisches ist seine intensive Fettmarmorierung. Sie verleiht den exzellenten Geschmack, die nicht gekannte Saftigkeit sowie die extreme Zartheit. Bedingt durch das seltene Vorkommen der Rinder, ihre langwierige Aufzucht und ihr langsames Wachstum ist das Wagyu-Fleisch nicht nur Delikatesse, sondern darüber hinaus gefragtes Luxusprodukt. Fleischliebhaber schwören auf die schwarzen Wagyu-Rinder. In Europa sind Züchtungen aus USA, Südamerika und Australien erhältlich. Das Ursprungsland Japan darf sein wertvolles Fleisch nicht nach Europa exportieren.

PATA NEGRA – IBERICO SCHWEINE – SPANISCHE SCHWARZFUSSSCHWEINE
Das schwarze Iberico Schwein ist ein ursprünglich in Spanien beheimatetes Wildschwein. Die Tiere leben das ganze Jahr im Freien und haben, wie bei den Rindern das Wagyu-Rind, die genetische Eigenschaft, einen hohen Marmorierungsgrad im Muskel aufzubauen. Zahlreiche reinrassige Iberico Schweine kommen aus den Eichenwäldern Zentral-Spaniens, den Dehesas. Die Dehesas sind eine ursprüngliche Landschaft, die durch Kork- und Steineichen geprägt ist. Darunter wachsen Kamille, Lavendel, Thymian und Steinpilze.
Die Fähigkeit, eine starke Fettmaserung im Muskel aufzubauen, ist auch verantwortlich für die Entwicklung des Fleischgeschmackes, der durch das intramuskuläre Fett getragen wird. Die natürliche Fütterung mit Eicheln gibt dem Iberico Schwein den nussigen Geschmack, für den es weltweit berühmt ist.

Ein großer Qualitätsunterschied ergibt sich durch das Futter. Fällt die dreimonatige Endmast der Iberico Schweine in die Montanera-Phase (Eichelmast-Phase, von Oktober bis März) und erhalten die Tiere in dieser Phase mindestens 30 Prozent Eicheln, dann erhält man Belotta Qualität. Erhalten die Tiere in der Montanera-Phase jedoch eine mindestens 70-prozentige Eichelfütterung, kann es sich nur um Tiere des Züchters Jose Gomez handeln, der weltweit als einziger diese Qualitätsstufe unter der Marke »Joselito« vertreibt.

Wolfgang Otto Gemeinsam mit seinen Brüdern Michael und Stephan hat Wolfgang Otto im Jahr 2004 OTTO GOURMET gegründet. Der Versandhandel für Fleisch mit Spitzengastronomie-Qualität bietet Fleischspezialitäten von amerikanischen Wagyu Kobe Rindern über spanische Iberico Schweine bis hin zu Mieral-Geflügel aus Frankreich an – online oder per Telefon bestellbar und frisch oder tiefgefroren bequem bis zur Haustür geliefert. | www.otto-gourmet.de

DE CECCO

REZEPTREGISTER

REZEPTREGISTER

GLOSSAR

Anrichteringe Mit Anrichteringen aus Metall kann man Speisen wie Reis oder Gemüse akkurat auf dem Teller servieren. Sie sind in verschiedenen Größen im Küchenbedarf-Handel erhältlich.

Angel d'Or Der Orangenlikör Angel d'Or hat einen natürlich-fruchtigen Geschmack. Er wird auf Mallorca aus vollreifen Orangen hergestellt.

Arganöl Das goldfarbene Arganöl wird in Marroko aus dem Arganbaum gewonnen. Es gilt als eines der wertvollsten und reichhaltigsten Öle der Welt.

Baby Leaf Salat Baby Leaf Salat ist eine Mischung aus kleinen, bunten Pflücksalatblättern wie Spinat, Rote Bete, Mangold oder Rucola. Es gibt ihn lose in vielen Feinkostläden, aber auch fertig abgepackt in gut sortierten Supermärkten.

Belugalinsen Die kleinen, schwarz glänzenden Linsen sind aufgrund ihrer äußeren Ähnlichkeit nach dem berühmten Beluga-Kaviar benannt worden. Mit ihrem feinen, an Maronen erinnernden Aroma eignen sie sich ideal als Gemüsebeilage, Vorspeise oder zum Dekorieren.

Blanchieren Beim Blanchieren wird das Gemüse nur für eine kurze Zeit (je nach Gemüsesorte variierend) in kochendes Wasser gegeben und anschließend mit kaltem Wasser abgeschreckt. Dadurch behält das Gemüse seinen Biss, wird schonend gegart und gleichzeitig länger haltbar gemacht.

Blutwurst Blutwurst besteht aus Schweinefleisch und frischem Blut. Sie ist sehr aromatisch durch Gewürze wie Majoran und Thymian. Wir bevorzugen die ausgezeichnete Blutwurst der Blutwurstmanufaktur Berlin (Marcus Benser), die eine sogenannte schwarze Blutwurst mit einem Hauch von Zimt herstellen (in Frankreich Boudin Noir genannt).

Borlotti Bohnen Die weiß-roten Borlotti Bohnen sind sowohl frisch als auch getrocknet erhältlich. Sie schmecken bittersüß und eignen sich gut für Suppen, Eintöpfe und Salate.

Brickteig Als Brickteig werden dünne, bereits fertig erhältliche Teigplatten bezeichnet, die sich sehr gut zum Füllen eignen.

Cabanossi Cabanossi sind dünne feste Rohwürste aus fein gehacktem Rind- und Schweinefleisch mit Speckwürfeln. Sie sind pikant und enthalten verschiedene Gewürze, wie u. a. Paprika, Pfeffer und Knoblauch.

Calabrese Diese italienische Salami-Spezialität wird aus Schweine- und Rindfleisch hergestellt und ist meist sehr scharf gewürzt. Sie eignet sich daher besonders gut als Würze für Speisen. Wir kennen sie auch als köstlichen Pizzabelag.

Cannellini Bohnen Die ursprünglich aus Italien stammenden kleinen, weißen Cannellini Bohnen werden gerne in Salaten, Suppen und Eintöpfen verwendet.

Carnaroli Reis Der in der italienischen Region Piemont angebaute Carnaroli ist ein großkörniger Reis, der sich hervorragend für die Zubereitung von cremigen Risottos eignet.

Chili Bird Eye Chili Bird Eye ist eine lange, spitz zulaufende und sehr scharfe Chilisorte. Mit der Reife färben sich die Schoten von grün zu leuchtend rot.

Chorizo Die Chorizo ist eine spanische Schweinswurst, die mit Knoblauch und viel Paprika gewürzt wird. Die Paprika verleiht der Wurst die unverwechselbare rote Farbe und den typischen Geschmack. Die Spanier essen sie gern als Tapas und verwenden sie u. a. auch zu Eintöpfen.

Cotechino Eine italienische Kochwurst aus Schweinfleisch, die kräftig gewürzt wird, u. a.

mit viel Pfeffer. Man bereitet die Cotechino zu, indem man sie mehrere Stunden bei leichter Hitze in Wasser kochen lässt. In Italien isst man dazu meist Linsen oder Polenta.

Curry anapurna Dieses Curry ist ein ausgewogenes mittelscharfes Curry mit kräftiger Röstung und harmonischer Schärfe. Es hat einen kräftigen Knoblauchanteil und besteht des Weiteren aus Ingwer, Kardamom, Chilis, Koriander und vielen anderen Gewürzen. Bei Curry Queen ist dieses Curry »der Klassiker« unter den Currymischungen und wird am häufigsten zur Currywurst bestellt. Wir verwenden es aber auch gern zum Kochen, z. B. für Geflügel- und Lammgerichte.

Curryessig Diese besondere Essenz der Essigmanufaktur Weyers basiert auf einem reinen Wein-Balsam, dem die Jaipur Curry-Mischung von Ingo Holland zugefügt wurde.

Currykraut Die italienische Strohblume, durch ihren intensiven Geruch auch Currykraut genannt, stammt ursprünglich aus dem Mittelmeerraum. Als Gewürz passt Currykraut gut zu Suppen, Geflügel und Reis.

Curry Mumbai Ein sehr vielseitiges mildes fruchtig blumiges Curry! Es enthält nur wenig Schärfe, dafür aber unter anderem Zimtblüte, Kurkuma, Jasminblüte, Orangenschale und Vanille! Bei uns essen es die Kinder sehr gern zur Currywurst! Wir verwenden es auch für Süßspeisen, z. B. für Eis, Kuchen und Desserts. Es enthält keinen Knoblauch, ist sehr aromatisch und daher ideal zu süßen Speisen.

Debreziner Die ursprünglich aus Ungarn stammende, leicht geräucherte und mit edelsüßem Paprikapulver, Chili und scharfer Paprika gewürzte Wurst wird aus Rind-, Schweinefleisch und Speck hergestellt. Im Gegensatz zu lang geräucherten Wurstsorten, die beim Kochen hart werden, bleiben Debreziner auch nach längerer Garzeit weich und saftig.

Deichwiesenlammwurst Wir beziehen unsere Deichwiesenlammwurst aus Sylt. Sie ist grobkörnig und besteht zu 100 % aus Lammfleisch. Sie schmeckt frisch vom Grill am besten. In der Curry Queen servieren wir sie als Orientalische Lammcurrywurst oder aber als Sylter Lammwurst mit Blattsalat und Ziegenkäse.

Foie Gras Foie Gras oder Stopfleber ist eine Pastete, die aus fetter Enten- oder Gänseleber hergestellt wird.

Kalbsbratwurst Die Kalbsbratwurst ist eine feine Bratwurst, die aus mindestens 50 % hochwertigem Kalbfleisch bestehen muss. Wir verwenden bei uns eine sogenannte »Schweizer Kalbsbratwurst«, die einen Kalbfleischanteil von 68 % hat, was diese Wurst besonders fein macht.

Kaninchenbratwürste Kaninchenwürste werden meist aus ¾ Kaninchenfleisch und ¼ Schweinefleisch hergestellt. Sie müssen sehr behutsam gegrillt werden, da sie sehr feine Würste sind. Eine Delikatesse!

Kochwürste westfälischer Art Kochwürste zeichnen sich dadurch aus, dass deren Zutaten vor der Verarbeitung gegart wurden. In Norddeutschland kennt man eine Kochwurst auch als »Pinkel« oder Kohlwurst. Sie wird klassischerweise meist zu Grünkohl gereicht.

Maldon salt Dieses englische Meersalz hat eine feine Struktur von hauchdünnen Salzkristallen in Form von feinen Flocken. Es wird in aufwendiger Handarbeit hergestellt. Am besten verwendet man dieses Salz immer nur als »Finish« für besondere Speisen, zum Kochen wäre es viel zu schade. Wichtig ist, dass man das Salz immer erst kurz vor dem Servieren auf die Speisen streut, da es sonst Wasser zieht und sich auflöst.

Mehlbutter (franz.: Beurre manié) wird zum Eindicken von hellen Saucen und Suppen

GLOSSAR

verwendet. Man kann sie ganz einfach aus weicher Butter und Mehl herstellen, die man in gleichen Teilen vermengt und zu walnussgroßen Kugeln formt.

Melange Blanc Diese fein gemahlene weiße Pfeffermischung ist besonders lecker zu Fischgerichten und Geflügel. Sie besteht unter anderem aus weißem Pfeffer, Koriander, Orangenschale, Muskat, Jasminblüten, Kardamom.

Melange Noir Hierbei handelt es sich um eine schwarze Pfeffermischung, bestehend aus Malabar Pfeffer, Kubebenpfeffer und langem Pfeffer. Die drei Pfeffer werden grob geschrotet und vermischt. Diese Pfeffermischung schmeckt hervorragend zu Thunfisch, Steak oder auch auf frischen Tomaten, wie wir sie bei unseren Blattsalaten auch verwenden. Melange Noir duftet fantastisch!

Merguez Die Merguez ist eine französische Wurstspezialität, die ihren Ursprung in Nordafrika hat. Sie besteht aus Lamm- und Rindfleisch und ist kräftig gewürzt, zum Beispiel mit Paprika, Knoblauch und Kreuzkümmel.

Morcilla Hierbei handelt es sich um eine spanische Blutwurst. Sie besteht traditionell aus Schweineblut, Fett, Zwiebeln und Reis. Sie kann als Zutat im Eintopf mitgekocht oder auch gegrillt oder gebraten werden.

Morteau Die Morteau Wurst stammt ursprünglich aus dem gleichnamigen Ort in Frankreich. Sie ist eine grobe Wurst, die aus magerem Schweinefleisch hergestellt und im »Tuyé« (Räucherkamin) mit Nadelholzspänen über 2 Tage geräuchert wird.

Niora Niora sind getrocknete und grob gemahlene spanische Paprika. Ein sehr aromatisches Gewürz, das sich ideal zum Würzen von Eintöpfen eignet. Wir verwenden es aber auch gern als »Topping« z. B. auf Kartoffelpüree oder Reis. So schmeichelt dieses Gewürz nicht nur dem Gaumen, sondern macht das Gericht durch seine intensive rote Farbe auch optisch zu einem Erlebnis.

Noilly Prat Noilly Prat ist ein französischer Wermut, dessen Basis die beiden Weißweine Clairette und Picpoul de Pinet aus Südfrankreich bilden. Durch seinen intensiven, würzig süßen Geschmack wird er gerne zum Aromatisieren verwendet.

Pfeilwurz Das aus dieser Pflanze gewonnene Stärkeprodukt wird im Handel gelegentlich auch unter der Bezeichnung »Arrowroot« angeboten und ist leichter verdaulich als Weizenmehl, bzw. dessen Stärke. Da diese Stärke bei etwas niedrigerer Temperatur (ca. 65 °C) als Mehl oder Maisstärke eindickt, wird Pfeilwurz häufig für delikate Saucen, Puddings und Glasuren verwendet, die nicht kochen dürfen. Das Pfeilwurzelmehl sollte vor der Zugabe zu heißen Saucen etc. in kalter Flüssigkeit angerührt werden. Im Gegensatz zu anderen handelsüblichen Stärkeprodukten, wie z. B. Kartoffelstärke oder Maisstärke, die angedickte Saucen trüb bis milchig werden lassen, erhält Pfeilwurzelmehl auch die ursprüngliche Klarheit von Saucen und z.B. Säften (Herstellung von Gelees). Pfeilwurzelmehl, bzw. »Arrowroot«, ist absolut geruchs- und geschmacksneutral. Es dickt ca. doppelt so stark ein wie Weizenmehl.

**Piment d`Espelette** Piment d`Espelette wird aus milden Chilis hergestellt, die aus einem kleinen Ort namens Espelette in Frankreich stammen (nahe der spanischen Grenze). Die Chilis werden luftgetrocknet und anschließend mit Kernen zu einem Pulver verarbeitet. Das Pulver besticht durch seine intensive orange Farbe. Es ist nicht sehr scharf, ein wenig süßlich und fruchtig mit einer feinen Rauchnote. Dieses Gewürz ist mittlerweile in der Spitzengastronomie der Welt zu Hause.

Pimentón el angel Diese spanische Spezialität wird auf traditionelle Art und Weise während des Trocknens auf Eichenholz geräuchert, danach unter Steinmühlen gemahlen. Das garantiert ein Höchstmaß an Geschmacks- und Farbstabilität. Der Geschmack ist einzigartig und unvergleichlich. In Spanien wird dieses Gewürz z. B. zum Würzen von Chorizo verwendet.

Pimientos de Padrón Pimientos de Padrón sind kleine, grüne Paprikas aus der spanischen Region Galicien. Der Schärfegrad variiert von Schote zu Schote.

Quatre Epices Dies ist ein französisches Gewürz (es heißt übersetzt 4 Gewürze) das sich sehr gut zum Würzen von Würsten eignet, besonders gern verwenden wir es zur Blutwurst. Es ist aber auch ein tolles Gewürz für Süßspeisen. Wir lieben es, weil es den Speisen eine ganz besondere Note verleiht und bevorzugen die Mischung von Ingo Holland.

Raz el Hanout Dieses marokkanische Gewürz besteht aus vielen exotischen Zutaten, wie z. B. verschiedene Pfeffersorten, Orangenblüten, Kardamom, Nelken, Sternanis. Wir verwenden das herrlich duftende Gewürz zur Lammwurst, aber z. B. auch zu Couscous.

Salsiccia Eine italienische Bratwurst-Spezialität, die aus Schweinefleisch hergestellt wird. Es gibt in Italien unendlich viele regionale Rezepte. So wird die Salsiccia in manchen Gegenden mit Fenchel und Fenchelsamen gewürzt und anderswo z. B. mit Peperoncini (Kalabrien). Wir bevorzugen die herzhaft gewürzte toskanische Salsiccia di Montalcino.

Saucisson Eine grobkörnige deftige französische Spezialität aus Lyon, die aus Schweinefleisch, Speck, Weißwein und Gewürzen hergestellt wird.

San Marzano Tomaten Die eiförmige San Marzano Tomate ist eine alte italienische Sorte, die sich durch ihren besonders aromatisch-frischen und fruchtigen Geschmack wieder zunehmender Beliebtheit erfreut.

Schweinsbratwürstle, bayerische Wie der Name schon erahnen lässt, sind die Schweinsbratwürstle eine süddeutsche Spezialität, die meist mit etwas Kümmel und Majoran gewürzt werden. Sie schmecken gebraten oder gegrillt z. B. sehr gut zu Sauerkraut und Kartoffelpüree.

Sobrassada Die Sobrassada ist eine mallorquinische Spezialität, die aus rohem und an der Luft getrocknetem Schweinehackfleisch hergestellt wird. Besonders typisch sind Zutaten wie rotes Paprikapulver.

Spritztüten Praktische Spritztüten zum genauen Dekorieren, Füllen oder Formen mit Crèmes sind in verschiedenen Größen im Küchenbedarf-Handel erhältlich.

Tramezzini Italienisches Weißbrot ohne Rinde, das in belegter Form sehr beliebt ist.

Weißwurst Die bayerische Spezialität ist eine Brühwurst aus fein gemahlenem Kalbsfleisch, Schweinefleisch und feinen Kräutern wie Petersilie. Traditionell wird sie in München gern zum Frühstück mit Laugenbrezel und Weizenbier verzehrt. Wir grillen die Weißwurst, was dieser Spezialität einen ganz neuen Charakter verleiht.

Wollwurst Wollwürste sind verwandt mit den bayerischen Weißwürsten und unterscheiden sich kaum in der Herstellung (enthalten aber z. B. keine Petersilie). Die Wurstmasse wird allerdings nicht im Darm gegart, sondern man gibt die Wurstmasse mithilfe einer Tülle direkt in kochendes Wasser. Diese feinen Würste bereitet man am besten in der Bratpfanne zu.

Wurstdarm Die als Wursthülle verwendeten Teile des Tierdarmes werden als Wurstdarm bezeichnet.

IMPRESSUM

Die Ratschläge in diesem Buch wurden von Autoren und Verlag sorgfältig erwogen und geprüft, dennoch kann eine Garantie nicht übernommen werden. Eine Haftung der Autoren bzw. des Verlags und seiner Beauftragten für Personen,- Sach- oder Vermögensschäden ist ausgeschlossen.

www.edel.de
1. Auflage 2010

Projektkoordination: Constanze Gölz
Lektorat: Ronny Loll | www.ronnyloll.de
Fotografische Umsetzung Food:
Studio Klaus Arras, Köln | www.klausarras.de
Foodstyling: Katja Briol
Moodfotografien Curry Queen: Felix Rettberg
Gesamtgestaltung, Satz und Herstellung:
Groothuis, Lohfert, Consorten, Hamburg | www.glcons.de
Lithografie: Reprotechnik Fromme
Druck und Bindung: optimal media production GmbH, Röbel

Printed in Germany

ISBN 978-3-941378-86-5